変化する社会とともに歩む

学校図書館

勉誠出版

野口武悟〈著〉
Noguchi Takenori

まえがき

私たちの暮らす現代社会の諸相は、かなり多様・複雑であり、しかも変化が激しい。このことは、そのまま今日の子どもを取り巻く環境にも当てはまる。

当然ながら、学校教育のあり様も、これらと無関係ではいられない。しかし、人々の意識は急には変われない。どうしても、自分たちが受けてきた過去の学校教育の経験を物差しとして、いまの学校教育を捉えがちである。

学校のなかにある学校図書館についても同様である。一般には、図書室と認識されている学校図書館は、「静かに読書するところ」、「本好きの子どもが利用するところ」といった読書との関わりだけで捉える人がいまなお多い。それでも、学校図書館を認識しているだけマシなのかもしれない。「学校に図書室なんてあったかな?」と存在自体を認識していない人も少なくないからである。それだけ、これまでの学校教育において学校図書館の存在は影が薄かったといえるのかもしれない。
では、多様で複雑、しかも変化の激しい現代社会のなかで、学校教育のあり様はどう変わってきたのであろうか。あるいは変わろうとしているのだろうか。また、それに伴って、学校図書館についてはどうなのだろうか。本書を通して、ともに探っていきたい。

本書は、学校教育や学校図書館の研究や実務に資することを主目的とした専門書ではない。また、実務家（教員、司書教諭、学校司書など）の養成に資する教科書（テキスト）でもない。広く一般の人々を対象とした一般教養書である。もちろん、研究や実務に携わる人々にも読んでいただきたいが、それよりもむしろ、子どもを学校に通わせている保護者や、学校教育や学校図書館に関心のある人々に広く読んでいただくことを意識して執筆した。そのため、専門的な用語や表現は、意味の違わない範囲で平易な言葉や表現に置き換えているところがある。

本書は次の11章構成である。当初は、序章と終章を含めて10章構成で執筆を進めていた。しかし、二〇二〇年に入り、新型コロナウイルス感染症（ＣＯＶＩＤ―19）の急速な感染拡大という予期せぬ新たな事態を受けて、その対応との関連について補章を設けて補うこととした。したがって、補章以外は、ＣＯＶＩＤ―19の感染拡大以前の状況をベースに記述している点に留意しながら読み進めていただけると幸いである。

序章　学校図書館の過去と現在
第1章　子ども「学び」のいまと学校図書館
第2章　子どもの多様な育ちに応える学校図書館
第3章　子どもの多様な発達を支える学校図書館
第4章　社会の情報化と学校図書館
第5章　社会のグローバル化と学校図書館
第6章　進展する公共サービスの市場化と学校図書館
第7章　市民活動社会と学校図書館
第8章　社会の少子・高齢化、過密・過疎化と学校図書館
終章　変化・成長する有機体としての学校図書館
補章　新型コロナウイルスの感染拡大と学校図書館

なお、本書では、これらの内容に加え、第一線で活躍している次の諸氏にコラムを執筆いただき、掲載している（掲載順、敬称略、所属・職名は2021年3月時点）。

松田ユリ子（神奈川県立新羽高等学校　学校司書）
生井恭子（東京都立墨東特別支援学校　司書教諭）
平野　誠（中央大学附属高等学校・中学校　司書教諭）
磯谷奈緒子（島根県海士町中央図書館　司書）

本書を通して、読者のみなさんが、従来の読書だけや影が薄いといった学校図書館への捉え方を刷新し、現代社会の学校教育における学校図書館の可能性に気づいていただけるとするなら、著者として幸甚である。

二〇二一年三月

野口　武悟

目次

序章　学校図書館の過去と現在

「まえがき」でも触れたように、学校図書館は一般的に図書室と呼ばれることが多い。それでも、最近の学校ではＩＣＴ（情報通信技術）も活用できる環境を整えて「メディアセンター」など図書室以外の呼称が与えられるケースも増えてきた。また、読書との関わりだけで捉える人がいまだに少なくないが、今日の学校図書館は授業で活用することや情報活用能力の育成に資することも期待されている。このように、学校そのものがそうであるように、学校のなかにある学校図書館も時代とともに変化してきている。

ところで、そもそも、学校図書館とは何なのだろうか。なぜ学校には図書室こと学校図書館が設けられているのだろうか。そして学校図書館はいまどのような現状にあるのだろうか。序章では、このような学校図書館に関する基本的な事項を整理、確認することにしたい。

第1節　学校図書館のいろは

（1）学校図書館と図書室の関係

本章の冒頭、「図書室こと学校図書館」と書いた。しかし、一般にはそう捉えられているかもしれないが、厳密には正しくない。後述するが、日本の法規等においては、学校図書館も図書室も両方登場する。ただし、学校図書館を用いている法規等のほうが圧倒的に多い。そのため、「正式には学校図書館という」と学校図書館の実務を担う司書教諭や学校司書の養成用の教科書（テキスト）では記述されることもある。図書室を用いているのは文部科学省が校種別に定めた「学校施設整備指針」など少数である。つまり、施設の側面のみを指すときには図書室を用い、それ以外の側面をも含めて呼ぶときには学校図書館が用いられていると考えれば、わかりやすい。一般に図書室と呼んでいても、その施設だけを指すのではなく、所蔵資料（メディア）の閲覧や貸出しなどの行為や活動をも含めて呼んでいることが多いだろう。その場合、図書室ではなく、学校図書館というほうがやはり正確ということになる。

そもそも、図書館とは、「人間の知的生産物である記録された知識や情報を収集、組織、保存し、人々の要求に応じて提供する」(1)機関である。ゆえに、繰り返しになるが、単に施設だけを意味するものではない。その意味では、学校図書館と呼ぶときに、施設の大小は関係ないのである

（独立した建物のみが図書館で、校舎内の部屋は図書室というわけではない）。

なお、図書館には、学校図書館のほかにも、国立図書館（日本は国立国会図書館）、公共図書館（公立図書館と私立図書館）、大学図書館（短期大学や高等専門学校の図書館を含む）、専門図書館といった種類がある。これらの図書館には、共通性もあるが、種類ごとの固有性もある。学校図書館には、学校図書館固有の理念、使命、目的、機能などが存在する。

（2）学校図書館の理念と使命

学校図書館の全国組織である全国学校図書館協議会（1950年設立）は、1991年に「学校図書館憲章」(2)を定めている。そのなかで、学校図書館の理念として次の5点を挙げている。

1．学校図書館は、資料の収集・整理・保存・提供などの活動をとおし、学校教育の充実と発展および文化の継承と創造に努める。
2．学校図書館は、児童生徒に読書と図書館利用をすすめ、生涯にわたる自学能力を育成する。
3．学校図書館は、資料の収集や提供を主体的に行い、児童生徒の学ぶ権利・知る権利を保障する。
4．学校図書館は、他の図書館、文化施設等とネットワークを構成し、総合的な図書館奉仕を行う。

5．学校図書館は、児童生徒・教職員に対する図書館の奉仕活動・援助活動をとおして、教育の改革に寄与する。

また、1999年にはユネスコと国際図書館連盟（IFLA）が共同で「学校図書館宣言」(3)を採択している。この宣言の前文では「学校図書館は、今日の情報や知識を基盤とする社会に相応しく生きていくための基本的な情報とアイデアを提供する。学校図書館は児童生徒が責任ある市民として生活できるように、生涯学習の技能を育成し、また、想像力を培う。」と述べている。その上で、次のような学校図書館の使命を掲げている。少し長くなるが、引用したい。

学校図書館は、情報がどのような形態あるいは媒体であろうと、学校構成員全員が情報を批判的にとらえ、効果的に利用できるように学習のためのサービス、図書、情報資源を提供する。学校図書館は、ユネスコ公共図書館宣言と同様の趣旨に沿い、より広範な図書館・情報ネットワークと連携する。

図書館員は、小説からドキュメンタリーまで、印刷資料から電子資料まで、あるいはその場でも遠くからでも、幅広い範囲の図書やその他の情報源を利用することを支援する。資料は、教科書や教材、教育方法を補完し、より充実させる。

図書館員と教師が協力する場合に、児童生徒の識字、読書、学習、問題解決、情報およびコミュニケーション技術の各技能レベルが向上することが実証されている。

学校図書館サービスは、年齢、人種、性別、宗教、国籍、言語、職業あるいは社会的身分にかかわらず、学校構成員全員に平等に提供されなければならない。通常の図書館サービスや資料の利用ができない人々に対しては、特別のサービスや資料が用意されなければならない。

学校図書館のサービスや蔵書の利用は、国際連合世界人権宣言・自由宣言に基づくものであり、いかなる種類の思想的、政治的、あるいは宗教的な検閲にも、また商業的な圧力にも屈してはならない。


「学校図書館宣言」の学校図書館の使命の最後の段落に記述されている点は、日本でもしばしば問題が発生している。例えば、2012年に島根県松江市教育委員会が市立学校の学校図書館に『はだしのゲン』を閲覧制限するよう一律に指示した事案を記憶している人もいるだろう。この事案は、市民からの市議会への陳情を契機として、教育委員会事務局が独断で行ったものであった。(4) 全国紙が2013年に報道(5)すると、全国的に賛否が渦巻き、ほかの地方公共団体にも飛び火するなどして騒動となった。結果的に、松江市教育委員会は閲覧制限の一律指示の非を認め、撤回した。また、飛び火したほかの地方公共団体でも、何を選定し、提供するかは各学校（学校図書館）が判断するものとする当然の結論に落ち着いた。(6)

日本でも、先に述べた「学校図書館憲章」にある学校図書館の理念の3において「資料の収集や提供を主体的に行」うことが述べられているし、日本図書館協会が資料収集や提供の自由、検閲への反対などを謳った「図書館の自由に関する宣言」（1954年採択、1979年改訂）を採択している。また、文部科学省も何を所蔵するかの選定（選書）は、各学校（学校図書館）が明文化した選定基準を定めて行うことを「学校図書館ガイドライン」（後述）に明示している。しかし、『はだしのゲン』の事案のような検閲ともとられかねない圧力などのリスクに、学校図書館は常にさらされ続けている。

（3）学校図書館の法的根拠

学校図書館の最も基本となる法律に「学校図書館法」（1953年制定、2015年最終改正）がある。この法律では、学校図書館を「学校教育において欠くことのできない基礎的な設備である」（第1条）としている。また、学校図書館の目的として、「学校の教育課程の展開に寄与するとともに、児童又は生徒の健全な教養を育成すること」（第2条）を明示している。さらに、この法律では、「学校には、学校図書館を設けなければならない」（第3条）と義務設置であることを規定するほか、学校図書館の運営（第4条）、司書教諭（第5条）、学校司書（第6条）、設置者と国の任務（第7条、第8条）が定められている（司書教諭、学校司書については本節（5）で改めて述べる）。なお、学校図書館というときの学校の範囲は、小学校、中学校、高等学校、義務教育学校（前期課程、後期課程）、中等教育学校（前期課程、後期課程）、特別支援学校（小学部、中学部、高等部）である（第2条）。

ところで、学校図書館は義務設置であると述べた。しかし、これを規定する「学校図書館法」の制定よりも前に定められた文部省令の「学校教育法施行規則」（1947年制定、2018年最終改正）第1条において、すでに「学校には、その学校の目的を実現するために必要な校地、校舎、校具、運動場、図書館又は図書室、保健室その他の設備を設けなければならない」と規定している。学校図書館の設置に関して法規上最初に登場するのは「学校教育法施行規則」ということになる。ただし、設置以外の事項について、このときは定められなかった。

「学校図書館法」以外にも、学校図書館に関わる法律は存在する。例えば、「子どもの読書活動の推進に関する法律」（2001年制定）がある。この法律に基づき、国には「子どもの読書活動の推進に関する基本的な計画」策定を義務（第8条第1項）とし、地方公共団体（都道府県・市町村）にも「子どもの読書活動の推進に関する計画」策定を努力義務（第9条第1項、第2項）としている。これらの計画のなかには、学校図書館に関する内容も盛り込まれている。また、「文字・活字文化振興法」（2005年制定）では、第8条において学校図書館の整備充実等が規定されている。

このほか、法律ではないが、義務教育段階の各学校の学校図書館における蔵書整備の目標値を定めた文部科学省初等中等教育局長通知の「学校図書館図書標準」（1993年制定、2007年最終改正）、小学校、中学校、高等学校、特別支援学校の各校種別に施設整備の留意事項を示した文部科学省大臣官房文教施設企画部作成の「学校施設整備指針」（小学校・中学校：2019年最終改訂、高等学校・特別支援学校：2016年最終改訂）なども重要である。なお、「学校施設整備指針」では、本節（1）で述べた通り、図書室と表記されている。

2016年11月には、「学校図書館の運営上の重要な事項についてその望ましい在り方を示した「学校図書館ガイドライン」が文部科学省によって定められた。このガイドラインは、次の7項目から構成されている。

（1）学校図書館の目的・機能
（2）学校図書館の運営
（3）学校図書館の利活用

（4）学校図書館に携わる教職員等
（5）学校図書館における図書館資料
（6）学校図書館の施設
（7）学校図書館の評価

文部科学省が学校図書館全般を扱うガイドラインを示すのは、1959年制定の「学校図書館基準」以来となる。このガイドラインを参考にして、学校図書館の整備充実と日々の運営を進めることが大切である。

（4）学校図書館の果たすべき機能

学校図書館の目的は、「学校図書館法」に示されている通り、「学校の教育課程の展開に寄与するとともに、児童又は生徒の健全な教養を育成すること」である。この目的を受けて、今日の学校図書館においては、読書センター、学習センター、情報センターという3つの機能を果たすことが期待されている。

「学校図書館ガイドライン」では、これら3つの機能について、次のように説明している。

読書センター機能：児童生徒の読書活動や児童生徒への読書指導の場としての機能

学習センター機能：児童生徒の学習活動を支援したり、授業の内容を豊かにしてその理解を深めたりする機能

情報センター機能：児童生徒や教職員の情報ニーズに対応したり、児童生徒の情報の収集・選択・活用能力を育成したりする機能

このように、今日の学校図書館は、読書にだけ関わっているわけではない。むしろ、「学習指導要領」の改訂などを受けて、授業での活用や情報活用能力の育成、すなわち学習センター機能と情報センター機能が注目され、さまざまな実践が取り組まれるようになってきている（第１章参照）。

なお、すでに述べた３つの機能に加えて、今日の学校図書館には、教員の教材研究等をサポートする機能や、学校のなかで子どもの「心の居場所」としての機能も求められていることにも留意する必要がある。

（５）学校図書館の４要素

学校図書館に限らず、図書館にはその機能を高め、発揮するために欠かせない４つの要素があ

る。すなわち、「施設」「資料（メディア）」「職員」「利用者」である。

このうち、「施設」については、本節（3）で述べたように義務設置であるため、規模の大小はあれども、ほとんどの学校で設置されている。しかし、特別支援学校では、未設置の学校もあり、課題となっている（第3章参照）。なお、「学校図書館ガイドライン」では、「学校施設整備指針」に留意して整備・改善することなどが示されている。

「資料（メディア）」としては、学校図書館というくらいなので、図書が大半を占めているところが多い。しかし、学習センター機能と情報センター機能を高めていくためには、アナログからデジタルまでの幅広い図書以外のさまざまな資料（メディアや情報資源ともいう）も欠かせない。「学校図書館ガイドライン」では、「学校図書館の図書館資料には、図書資料のほか、雑誌、新聞、視聴覚資料（CD、DVD等）、電子資料（CD—ROM、ネットワーク情報資源（ネットワークを介して得られる情報コンテンツ）等）、ファイル資料、パンフレット、自校独自の資料、模型等の図書以外の資料が含まれる」としている。学校図書館の担当職員は、各学校で定め明文化した基準と計画に基づき、さまざまな資料を計画的・継続的に収集し、コレクションを構築し、利用者に提供できるようにする必要がある。計画的・継続的に行うのは、予算に限りがあるという事情もある。小学校で年間50万円、高等学校でも100万円程度との調査結果もあるから、そのなかで効果的な収集とコレクション構築を行うことは、単年度では不可能といわざるを得ない。

「職員」としては、「学校図書館法」では、司書教諭と学校司書を規定している（第5条、第6条）。司書教諭は、「学校図書館の専門的職務を掌」る教員である。司書教諭の資格（学校図書館司書教諭講習の修了証書）を有する主幹教諭、指導教諭、教諭をもって充てるとされているため、一部の学校を除き主幹教諭、指導教諭、教諭の兼務となっている。現在、12学級以上の規模の学校では司書教諭の配置が義務づけられている。たいていの場合、1校に1人の配置となっているが、「学校図書館法」に1人でなければならないとの規定はない。学校司書は、「学校図書館の運営の改善及び向上を図り、児童又は生徒及び教員による学校図書館の利用の一層の促進に資するため、専ら学校図書館の職務に従事する」職員である。ただし、学校司書の公的な資格は設けられず、文部科学省が2016年11月に通知した「学校司書のモデルカリキュラム」に基づく養成教育を大学において行い、各大学がその履修を証明する形となっている。配置は努力義務とされている。学校司書の職務としては、図書館資料の管理や施設・設備の整備などの「間接的支援」に関する職務、閲覧・貸出、情報サービス、読書推進活動などの「直接的支援」に関する職務、教科等の指導、特別活動の指導、情報活用能力の育成に関する支援などの「教育指導への支援」に関する職務の大きく3つに整理できる(7)。このほか、「学校図書館ガイドライン」では、校長が学校図書館の館長としての役割も担っていることを明示している。また、各学校では、校務分掌のなかに学校図書館担当を位置づけることが一般的であり、前述の司書教諭、学校司書以外にも、校務分掌上の分担として学校図書館の実務に携わる教職員がいる。なお、校務分掌上の学校図書館担当の責任者を図書主任（図書館主任）というが、必ずしも司書教諭が図書主任を務めるわけではない。

「利用者」も、休校中などで無人の学校を除き、必ずいる。意外と見落とされがちだが、児童生徒だけでなく、教職員も利用者である。また、地域開放などの取り組みをしている学校図書館では、保護者や地域住民なども利用者となる（第8章参照）。

これら4要素のうち、学校図書館の現状には、「資料（メディア）」と「職員」に課題が集中している。その状況については、第3節で文部科学省の調査結果をもとに見ていきたい。

第2節　学校図書館のあゆみ

(1)　第二次世界大戦終結までのあゆみ

日本において、すべての学校に学校図書館が法的に規定され、設置されるようになるのは、第二次世界大戦終結後のことである。

日本では、明治時代に入ってすぐの1872年、学制が発布され、近代的な学校教育制度が始まる。第二次世界大戦前の学校教育（特に、小学校教育）においては、教科書（のちに国定教科書制度が導入され、絶対的な教材となる）中心の一斉教授、教科書注入・暗記型の教育がスタンダードであった。このスタイルであれば、少ない教師で多くの子どもを教えられるため、効率的だったのである。もちろん、学校図書館の設置を義務づけるような法規上の規定は存在しなかった。

ただし、一部の学校では、第二次世界大戦前にあっても、自主的に学校図書館を設けていた。そして、教育に活かそうとする実践も見られた。最も古い事例としては、京都市立生祥尋常高等小学校が1902年に設けた「生祥児童文庫」がある。塩見昇は、「1905（明治38）年現在で1374冊の蔵書を備え、運営上も学校図書館としてかなりの実態を備えていたように思われる」と述べている。(8) また、大正時代になると、欧米諸国の新教育運動の影響を受けて、大正自由教育と呼ばれる新教育の実践が、成蹊小学校や成城小学校などの私立小学校、千葉師範学校附属小学校や奈良女子高等師範学校附属小学校などの師範学校附属小学校などで試みられた。そもそも、新教育とは、教科書中心の一斉教授、教科書注入・暗記型の伝統的な教育のあり方を批判し、子どもの個性を尊重して、子ども自らの興味・関心や問題意識に基づく自発的・創造的な学習活動を重視する教育実践とその運動であった。こうした教育実践を展開するためには、教科書だけでなく、子どものさまざまな興味・関心、問題意識に応えていけるだけの多種多様な図書などの資料（メディア）が必要となり、学校図書館が設けられた。いくつかの例を見ると、千葉師範学校附属小学校には1922年の時点で参考図書、標本掛図、児童用図書数百冊を備えた図書館[9]が、また、成城小学校には1923年の時点で蔵書約600冊、月刊誌数種、内外の画集、写真、肖像画などを集めた図書館[10]が設けられていたという。

しかし、大正時代も末期になると、国定教科書中心の教育を徹底するように求める文部次官通牒が出されるなど、大正自由教育（新教育）に対する文部省などからの批判がなされるようになった。昭和に入って、軍国主義が台頭すると、その傾向は一層強まった。さらに戦時色が強くなると、内務省や文部省によるによる児童用図書に関する厳しい統制も行われた。こうして、第二次世界大戦前にあっては、学校図書館が大きく花開くまでには至らなかったのである。

（2）第二次世界大戦終結後のあゆみ

1945年8月の第二次世界大戦終結により連合国軍総司令部（GHQ）の占領下におかれた日本は、さまざまな分野で民主化を基軸とする改革が進められた（戦後改革）。教育の分野でも、「教育基本法」「学校教育法」などの新法の制定、六・三・三・四制への学校制度の改編、教育委員会制度の新設などの制度面の改革に加え、教育課程や教育方法も改革された。そのモデルとされたのが、すでに大正時代に大正自由教育として一部の学校で実践された新教育であった。一九四七年三月には、初の「学習指導要領（試案）」が文部省により示された。これは、試案という言葉が示すように学習指導の手引書としての性格が強く、今日のような各学校における教育課程編成の基準とは性格を大きく異にしていた。そして、教育課程は、各学校が自由裁量で編成できるとされた。なお、教科書についても、それまでの国定教科書から、民間出版社が作った教科書を国が検定する方式に変更された。

新教育の全面的な導入により、すべての学校に学校図書館が必要となった。1947年5月に制定された「学校教育法施行規則」では、すでに前節でも述べたように、第1条において「図書館又は図書室」が学校に必置であると規定された。また、1948年12月には、初の学校図書館指導書となる『学校図書館の手引』(以下、手引)が文部省によって作られた。この手引のなかでは、学校図書館の意義や役割、具体的な運営方法等が解説されていた。そして、この手引の伝達講習会が、翌年、各地の教育委員会や学校関係者を対象に千葉県鴨川町(当時)と奈良県天理市の二か所で実施された。この講習会の受講者らを中心に、学校図書館の全国組織である全国学校図書館協議会(全国SLA)が設立されたのは、1950年2月であった。

こうして学校図書館の整備は大きく前進したのかといえば、そうではなかった。学校図書館の経費と担当者に関する法的な裏づけが十分ではなかったからである。そこで、全国SLAでは、学校図書館経費の公費支弁と専任司書教諭の設置を目指して、大々的な学校図書館法制定運動を展開し、100万人近い署名が集まった。学校図書館法制定運動の成果もあって、1953年8月に「学校図書館法」の制定が実現した(施行は翌年4月)。

「学校図書館法」では、「学校には、学校図書館の専門的職務を掌らせるため、司書教諭を置かなければならない」（第5条）との司書教諭の規定が設けられたほか、「国は、地方公共団体が、その設置する学校の学校図書館の設備又は図書が審議会の議を経て政令で定める基準に達していない場合において、これを当該基準にまで高めようとするときは、これに要する経費の二分の一を負担する」（第13条）との国による経費負担の規定も設けられた。さらに、「文部省に学校図書館審議会（以下「審議会」という。）を置く」（第9条）という学校図書館を専門に扱う審議会の設置まで盛り込まれた。

しかし、実際には、多くの課題を有する法律であった。主な課題を整理すると、以下の諸点となる。

① 「前項の司書教諭は、教諭をもつて充てる」（第5条2項）とされ、専任ではなく教諭の充て職（兼任発令）が前提とされた

② 「当該教諭は、司書教諭の講習を修了したものでなければならない」（第5条2項）とされ、司書教諭の任用資格が免許制ではなく講習修了とされた

③ 「司書教諭の講習は、大学が文部大臣の委嘱を受けて行う」（第5条3項）とされ、文部省令の「学校図書館司書教諭講習規程」に基づき七科目八単位の履修が必要となった。しか

し、実務経験が4年以上あると2単位の履修のみで済む履修軽減規定が盛り込まれた（設置科目と専門性の形骸化）

④「学校には、当分の間、第5条第1項の規定にかかわらず、司書教諭を置かないことができる」（附則第2項）とされ、司書教諭の配置が猶予された

こうした課題を有することになった背景には、文部省内での意見の不一致が大きく影響したといわれている。[11]

出鼻をくじかれた形となった「学校図書館法」は、その後も、悲運が待ち受けていた。法律の制定から間もない1950年代後半になると、国の負担金の規定、学校図書館審議会の規定ともに形骸化していったのである。そして、現場でも、学校図書館は、「本の倉庫」と化し、「開かずの間」となってしまうところが多かった。意識の高い一部の地方公共団体等では、配置が猶予された司書教諭の代わりに、学校司書を独自に雇用・配置し、学校図書館の整備と活用を目指すところもあったが、少数派であった。

こうした「停滞」とも呼べる状況をきたした背景の一つには、1950年代後半の「学習指導要領」の改訂と告示化があった。手引書に過ぎなかった「学習指導要領（試案）」は、法的拘束力を持つ教育課程編成の基準としての「学習指導要領」に改められ、その内容も新教育から再び教

科書中心の注入・暗記型の教育へと逆戻りしてしまったのである（逆コース）。こうして学校図書館はほとんど顧みられなくなっていったのである。

長く続いた学校図書館の「停滞」期を経て、再び学校図書館への関心が高まるのは、１９８０年代後半になってからである。臨時教育審議会の答申において、「個性重視の原則」、「生涯学習体系への移行」、「変化への対応」の３つを柱とした教育改革の方向性が示され、教科書中心の注入・暗記型の学校教育の是正が目指されるようになったのである。また、子どもの読書離れが課題として認識されるようになったことも大きく、読書活動推進の必要性が高まっていった。

１９９０年代に入ると、文部省は学校図書館の再整備に取り組みはじめる。１９９３年には、学校図書館の図書整備の目標値を示した「学校図書館図書標準」を設定するとともに、標準達成のための地方財政措置を柱とする「学校図書館図書整備新5か年計画」をスタートさせた。また、学校図書館情報ネットワーク化・活性化推進モデル地域指定事業（情報ネットワーク化推進事業）なども開始し、学習情報センター（現在の学習センター、情報センター）、読書センターとしての機能を発揮できる学校図書館とするための新たな環境整備の取り組みが進められていった。

こうした流れのなかで、１９９７年6月に「学校図書館法」が一部改正され、２００３年４月から12学級以上の規模のすべての学校に司書教諭の配置を義務づけることとなった。また、「学校図書館司書教諭講習規程」が一部改正され、１９９９年度以降、司書教諭の養成科目が現行の

5科目10単位となった。

1998年12月に告示された小学校、中学校の「学習指導要領」（高等学校、特別支援学校は翌年三月）において「生きる力」を育てることが柱の一つとされ、「総合的な学習の時間」が新設されるなど、教育課程の大きな改革がなされた。そして、探究的な学習など教育方法の改善に学校図書館を生かすことが期待されるようになり、「学習指導要領」改訂のたびにその傾向は強まっている。現行の「学習指導要領」では、総則において「学校図書館を計画的に利用しその機能の活用を図り、生徒の主体的・対話的で深い学びの実現に向けた授業改善に生かすとともに、生徒の自主的、自発的な学習活動や読書活動を充実すること」としている（生徒の部分は小学校では児童）。

2000年代に入ると、学校図書館にも関わる法律が相次いで制定された。2001年12月に「子どもの読書活動の推進に関する法律」が制定され、2005年7月には「文字・活字文化振興法」が制定された。そして、二〇一四年六月に、再び「学校図書館法」が一部改正され、学校司書についての規定が新たに盛り込まれた（翌年4月施行）。2016年11月には、学校司書の大学における養成カリキュラムである「学校司書のモデルカリキュラム」（10科目20単位）と、学校図書館の運営についての望ましいあり方を示す「学校図書館ガイドライン」が定められ、文部科学省初等中等教育局長通知として発出された。

このように、これまでの歴史のなかでは、現在の学校図書館が最も充実しているかのように見える。しかし、学校図書館の現状には、課題もいまだに多く残されている。その点を次節で見ていきたい。

第3節　学校図書館のいま

本章の最後に、2016年に公表された文部科学省による「平成28年度学校図書館の現状に関する調査」（以下、調査）の結果[12]をもとに、学校図書館の現状を確認していきたい。とりわけ第1節の（5）で述べたように、4要素のうちの「資料（メディア）」と「職員」の現状を中心に見たい。

（1）学校図書館の「資料（メディア）」の現状

すでに述べたように、学校図書館の資料は、図書だけに限らない。とはいえ、図書が所蔵資料の中心であることは間違いない。まずは、図書の現状を確認する。

文部科学省の調査によると、各校種の一校当たりの蔵書冊数は、小学校8920冊、中学校1万784冊、高等学校2万3894冊、特別支援学校（小学部の数値。以下同じ）1943冊となっている。文部科学省の「学校図書館図書標準」の達成率は、小学校66・4%、中学校55・3%、特別支援学校14・0%である（高等学校は設定なし）。また、図書のうち、調べ物に使う百科事典や図鑑などのレファレンスツールは、情報の新鮮度が重要となる。したがって、定期的な更新（買い替え）が必要となる。ところが、調査によると、小学校の55・3％、中学校の62・6％、高等学校の86・6％、特別支援学校の66・2％で刊行後10年以上のレファレンスツールを所蔵していることが明らかとなった。

以上から、いまなお、「学校図書館図書標準」を達成していない学校が小学校で3割以上、中学校で4割以上、特別支援学校に至っては8割以上も存在するという実態は、学校図書館が求められる機能を果たす上からも看過できない喫緊の課題といえる。また、レファレンスツールの更新が進んでいない状況もあわせて考えると、量だけでなく質も十分とは言い難い現状が見えてくる。国は、「学校図書館図書標準」の達成や更新の促進に向けて、「学校図書館図書整備等5か年計画」（現行計画は2017年度から実施）を定め、図書整備費を毎年220億円規模の地方財政措置をしているが、地方財政措置であるがゆえに、かねてより図書整備以外の目的で使用されてしまうことが指摘されている。(13)

調査では、図書以外の資料の現状についても明らかにしている。新聞の配備状況は、小学校41・1％（一校平均1・3紙）、中学校37・7％（1・7紙）、高等学校91・0％（2・8紙）、特別支援学校15・7％（1・1紙）である。また、学校図書館内に児童生徒がインターネットによる情報収集等に利用可能なコンピュータ端末の整備（コンピュータ室等との一体的整備を含む）状況は、小学校23・2%、中学校20・7%、高等学校52・2%、特別支援学校18・8%となっている。図書以上に整備状況は厳しい現状にあることがわかる。

資料の選定と廃棄の基準を策定している学校の状況も、調査からは明らかとなっている。選定基準の策定状況は小学校29・2%、中学校27・0%、高等学校44・6%、特別支援学校15・1%、廃棄基準の策定状況は小学校38・3%、中学校36・4%、高等学校47・5%、特別支援学校20・1%であった。どちらの基準も5割を超える学校種はなく、低い策定状況となっている。計画的・継続的な資料の収集、コレクションの構築、廃棄のためにも、担当職員の恣意的な選定や廃棄を防ぐためにも、そして担当職員が代わっても一貫性を保つためにも、基準の策定は必須といえる。

なお、所蔵資料（蔵書）のデータベース化（目録の電子化）を100%達成している状況は、小学校68・1%、中学校58・1%、高等学校43・7%、特別支援学校53・3%である。

（2）学校図書館の「職員」の現状

文部科学省の調査によると、司書教諭の配置（発令）状況は、小学校68・0%、中学校65・0%、高等学校84・5%、特別支援学校59・1%となっている。司書教諭の配置が義務づけられている12学級以上に規模の学校に限って見ると、小学校99・3%、中学校98・3%、高等学校

96・1%、特別支援学校92・8%である。このうち、司書教諭が学校図書館を担当する時間を確保できるように授業時数を軽減している学校は、小学校10・0%、中学校12・8%、高等学校16・4%、特別支援学校2・4%といずれの学校種においても少数にとどまる。つまり、主幹教諭、指導教諭、教諭との兼務が基本である司書教諭にとって、授業時数を軽減されないということは、司書教諭としての専門的職務を掌る時間が保障されていないことに等しい。この点の改善は急務である。

学校司書の配置状況については、小学校59・2%、中学校58・2%、高等学校66・6%、特別支援学校9・1%である。しかしながら、常勤の学校司書の配置状況となると、小学校12・4%、中学校16・7%、高等学校55・0%、特別支援学校4・5%と、高等学校を除くと極端に低い割合となっている。

なお、調査では、司書教諭と学校司書の設置の組み合わせがどうなっているかも明らかにしている（表序―1）。司書教諭も学校司書もいない学校が小学校、中学校で約2割、高等学校で約1割、そして特別支援学校にあっては約4割も存在している。

（3）学校図書館の経営と活動の現状

経営の基本であるマネジメントサイクル（PDCAサイクル）に則った学校図書館の経営（管理

表序-1　司書教諭と学校司書の設置の組み合わせ

	司書教諭あり 学校司書あり	司書教諭あり 学校司書なし	司書教諭なし 学校司書あり	司書教諭なし 学校司書なし
小学校	43.8%	24.2%	15.4%	16.6%
中学校	42.4%	22.6%	15.8%	19.2%
高等学校	59.8%	24.7%	6.8%	8.7%
特別支援学校	6.8%	52.3%	2.3%	38.6%
全体	42.8%	25.7%	13.5%	18.0%

と運営）のためには、その全体計画（経営計画）の策定が欠かせない。調査によると、計画の策定状況は、小学校85・7％、中学校71・8％、高等学校58・3％、特別支援学校40・3％となっている。

また、学校図書館の諸活動の活性化のために、ボランティアや公共図書館との連携を図ることも有効である。ボランティアを活用している学校は、小学校81・4％、中学校30・0％、高等学校2・8％、特別支援学校30・3％であり、活動内容としては、読み聞かせ、ブックトークなどの読書活動の支援がどの学校種でも最も多く、次いで、学校図書館の書架や見出し、飾りつけ、図書の修理等の支援、配架や貸出・返却業務等の図書館サービスに係る支援などとなっている。公共図書館との連携を実施している学校については、小学校82・2％、中学校57・5％、高等学校51・1％、特別支援学校39・2％であり、連携の中心は資料の学校図書館への貸出（借受）である。

最後に、全校一斉の読書活動の実施状況を見ておきたい。調査によると、小学校97・1％、中学校88・5％、高等学校42・7％、特別支援学校25・1％である。このうち、始業前に実施（朝の読書など）している学校は、小学校68・5％、中学校72・7％、高等学校63・2％、特別支援学校13・8％となっている。また、実施の頻度として各学校種で最も割合が高かったのは、中学校と高等学校では毎日実施でそれぞれ61・4％と44・8％、小学校では週に数回実施で44・8％、特別支援学校ではその他で50・0％だった。

以上が文部科学省の調査の結果から見た学校図書館の現状である。ここまでの現状から、あることに気づいた読者もいるだろう。授業活用に関連した調査項目がないのである。調査に回答する学校への負担を考慮して調査項目を絞り込んでいるものと思われるが、それでも授業活用に関連した調査項目の設定がないのはやはり残念というほかない。

なお、文部科学省の調査は、数年に一度、全国悉皆で実施されている。これとは別に、全国学校図書館協議会も、悉皆ではないものの、学校図書館の実態調査を毎年実施している。この全国学校図書館協議会の調査では、授業活用に関連した調査項目も設けられている。その結果は、次章で触れることにしたい。

注・引用文献

(1)日本図書館情報学会用語辞典編集委員会編『図書館情報学用語辞典(第4版)』丸善出版、2013年、172頁
(2)野口武悟編、全国学校図書館協議会監修『学校図書館基本資料集』全国学校図書館協議会、2018年、73頁
(3)前掲(2)、75頁
(4)「閲覧制限「疑問だった」 はだしのゲン教師・親ら不信感」『朝日新聞』2013年8月27日付朝刊
(5)「「ゲン」小中校で閲覧制限 松江市教委「描写が過激」」『朝日新聞』2013年8月17日付朝刊
(6)「ゲン決めるのは子や教師」『朝日新聞』2013年12月3日付朝刊
(7)文部科学省学校図書館担当職員の役割及びその資質の向上に関する調査研究協力者会議『これからの学校図書館担当職員に求められる役割・職務及びその資質能力の向上方策等について(報告)』、2014年、10頁
(8)塩見昇著『日本学校図書館史』全国学校図書館協議会、1986年、36—37頁
(9)前掲(8)、60頁
(10)前掲(8)、71頁
(11)松尾弥太郎「学校図書館法誕生の前後(2)」『学校図書館』第230号、1969年、51—54頁
(12)文部科学省児童生徒課『平成28年度「学校図書館の現状に関する調査」結果について』、2016年、2—11頁
(13)「図書費44億円目的外」『朝日新聞』2008年4月22日付朝刊

参考文献

全国学校図書館協議会『学校図書館50年史年表』編集委員会編『学校図書館50年史年表』全国学校図書館協議

会、2001年
全国学校図書館協議会『学校図書館50年史』編集委員会編『学校図書館50年史』全国学校図書館協議会、2004年
全国学校図書館協議会監修『司書教諭・学校司書のための学校図書館必携――理論と実践（改訂版）』悠光堂、2017年、273頁
堀川照代編著『「学校図書館ガイドライン」活用ハンドブック　解説編』悠光堂、2018年、151頁
堀川照代編著『「学校図書館ガイドライン」活用ハンドブック　実践編』悠光堂、2019年、178頁
野口武悟「学校図書館の目的と機能」『学校図書館』810号、2018年、15―16頁
野口武悟・前田稔編著『改訂新版　学校経営と学校図書館』放送大学教育振興会、2017年、313頁

第1章　子どもの「学び」のいまと学校図書館

読者のみなさんにとって、学校での「学び」にどのようなイメージがあるだろうか。「先生に教えてもらう」、「教科書の内容を覚える」、「テスト勉強を頑張った」など、人によってイメージはさまざまだろう。そして、多くの人にとっての「学び」は、受動的なもの、強いられるもの、苦痛なものではなかっただろうか。だから学校を卒業したとき、「学び」から解放されたという思いを抱かなかっただろうか。

しかし、実際には、学校を卒業しても「学び」から解放されることはない。むしろ、日々の生活や仕事などに関わって、絶えず「学び」は欠かせない。しかも、その「学び」の多くは、主体的で能動的なものであるし、むしろ「学び」とさえ捉えずに「学び」を実践していることも多い。地域の図書館で料理の本やビジネスの本を借りて読む、資格取得のために通信講座を受講する、公民館で合唱サークルに参加する、これらもすべて「学び」であり、これらの「学び」が私たちの生涯にわたる生活の質（QOL）を豊かなものとしてくれる。これを「生涯学習」と呼ぶ。

これからの学校での「学び」は、子どもにとって受動的なもの、強いられるもの、苦痛なものから脱却して、学校を卒業しても主体的で能動的に「学び」続けられる生涯学習の基盤を培うことに主眼の一つがある。こうした「学び」には、当然ながら、学校図書館が大いに関わってくることになる。

第1節　ステレオタイプな「学び」の形成と展開

(1)　日本における学校の誕生と「学び」のステレオタイプ化

日本における近代的な公教育としての学校教育は、明治維新によって成立した。すでに序章の第2節（1）で述べたように、1872年に発布された「学制」が出発点である。

もちろん、それ以前にも学校は存在していた。例えば、江戸時代には、昌平坂学問所など幕府が設けた直轄の学校、各藩が設けた藩校（藩学）といった武士の子弟を主な対象とした学校や、庶民の子どもに読み、書き、算盤などを教えた寺子屋（これは学校よりも私塾といえる）も全国各地に5万近くも設けられ、識字率の向上に寄与したとされている。(1)

明治時代になり、「学制」を発布し、小学校をはじめとした学校制度を整備した明治新政府は、欧米列強に伍する国づくりを進めるべく、殖産興業・富国強兵を担う「国民」を学校教育によって形成しようとしたのである。しかし、国民皆学を目指したものの、創設期の小学校は、月50銭の授業料がかかり、就学させることを躊躇う保護者が多かった（1873年の小学校就学率はわずか28・1％）[2]。また、小学校の授業内容が西洋実学の初歩を中心としたものであり庶民の生活と乖離していたことや、当時の子どもは草刈りや家畜の世話などの労働力と見なされていたことも、就学を躊躇する要因となったとされる。

1886年には、第二次世界大戦前の学校制度の基本体系を規定する「小学校令」や「中学校令」などが定められた。とはいえ、公教育としての学校教育の理念をめぐっては、いまだに揺れていた。それは、「個人の自立を図ることによって国家の独立・富強を達成するのか、国家に従属する個人を形成するのかをめぐって」[3]の揺れであった。1890年に「教育ニ関スル勅語」（以下、「教育勅語」）が発布されたことにより、ようやく決着した。「教育勅語」は、教育と国民道徳の基本理念・目標を示したものであり、「忠孝」に価値をおき、天皇・国家にすべてをささげる国民（臣民）となることを求めた。尋常小学校4年以上の修身の教科書にも全文が掲載され、子どもはそれを暗記・暗誦させられた。これすなわち、学校におけるステレオタイプな「学び」の原型といってもよい。

1900年代に入って、小学校の就学率は9割を超えるようになり、ようやく皆学に近い水準にまで到達した。1903年になると、小学校の教科書が国定化され、教育内容の国家による統制のさらなる強化が図られた（国定教科書と呼ばれる）。教材のなかで国定教科書は絶対的な地位を持つようになり、教師は子どもに国定教科書の中身を詰め込む授業を行わざるを得なくなっていった。教師にとっては、決まった内容を効率的に教えられるという側面もあった。子どもからすれば、国定教科書の中身をひたすら覚えることが「学び」ということになり、学校におけるステレオタイプな「学び」が強化、定着していくのであった。

（2）生かせなかった「学び」の改革の機会

大正時代になると、政党内閣（原敬内閣）の成立に代表されるように、大正デモクラシーと呼ばれる自由主義的な思想の広まりから国民の権利意識も高まっていった。

大正デモクラシーの潮流のなかで、国家に都合のよい内容を画一的に詰め込む学校教育への批判が高まっていく。そして、日本においても、大正自由教育と呼ばれる子どもを中心に据えた新教育の運動が展開されていくのである（序章第2節（1）参照）。いわば、学校におけるステレオタイプな「学び」を改革しようとする運動であり、うねりであった。

そもそも、欧米諸国で新教育運動がはじまるのは、19世紀末のことである。どこの国でも見られた教師中心の画一的で硬直した教授法や詰め込み主義などを批判し、子どもに中心を据えて興味や経験を重視する新教育（経験主義教育などともいう）は、フランスのドモラン（Edmond Demolins：1852—1907）からはじまった。そして、ドイツのシュタイナー（Rodolf Steiner：1861—1925）、イタリアのモンテッソーリ（Maria Montessori：1870—1952）、アメリカのデューイ（John Dewey：1859—1952）など、欧米諸国に実践が広がり、日本にも入ってきたわけである。

大正自由教育では、新教育をベースとした私立学校が相次いで創設された。例えば、成蹊小学校（1915年）、成城小学校（1917年）、自由学園（1921年）、池袋児童の村小学校（1924年）などである。また、一部の師範学校附属小学校でも新教育が実践された。

ただし、大正自由教育は、長続きはしなかった。文部省はその広がりを警戒し、本節（1）で述べたような国の既定方針を大きく逸脱する実践に対する締めつけを強めていった。

昭和に入ってすぐに発生した昭和恐慌（1930年）は、その翌年に東北・北海道地方を襲った大凶作とあいまって、これらの地方の農村部に大きなダメージを与え、身売りされる子どもや学校を休んで働かざるを得ない子どもが続出した。国定教科書によるステレオタイプな「学び」は、こうした子どもの前では何の意味も持たなかった。むしろ、子どもに現実を直視させ、観察させ、それを文章に綴らせることで、生き方や生活の仕方を深く考えさせる教育方法が必要とされた。それが、生活綴方教育である。これも、「学び」を改革しようとする実践であり、運動であった。しかし、大正自由教育と同じように国により弾圧されていった。

1931年に満州事変（十五年戦争）が起こると、国内体制は急速に戦時色を強めていった。学校教育も例外ではなかった。そして、太平洋戦争が勃発する1941年には、小学校が「皇国ノ道ニ則リテ初等普通教育ヲ施シ国民ノ基礎的錬成ヲ為スヲ以テ目的」とする国民学校に改編された。そして、教科の構成も、国民科、理数科、体錬科、芸能科の4つに統合・再編された。しかし、国定教科書による詰め込み教育については、相変わらず続けられた。

日本の学校に再び「学び」の改革の機会が訪れるのは、第二次世界大戦後であった。1945年8月15日以降、日本はGHQ（連合国軍最高司令官総司令部）による間接占領下に置かれ、民主的な国家の建設に向けて、さまざまな改革が進められた。学校教育に関する改革も行われ、その方向性に大きな影響を与えたのは、1946年3月に来日した第一次米国教育使節団であった。同使節団のまとめた報告書の内容に沿う形で、改革が進められた。

序章の第2節（2）で述べたように、「教育勅語」に代わる新法の制定、学校制度の改編、教育委員会制度の新設などの制度面の改革が進められるとともに、教育課程や教育方法の面での改革も行われた。

具体的には、画一的で詰め込み型のステレオタイプな「学び」からの脱却を図るべく、新教育に全面的に転換することになったのである。大正自由教育でも試みられた新教育であったが、今回はそのときと違ってGHQのCIE（民間情報教育局）の指導のもとに文部省側が導入しようとしたわけである。そして、カリキュラムの目玉として、民主的な社会の担い手を育む必要性から新たな教科として「社会科」、同じく民主的な家庭の建設に資する必要性から「家庭科」が設けられた。教育課程も、各学校で編成することとなり、国による画一的・統制的なカリキュラム編成からの転換が目指された。教育方法においても、新教育は、これまでとは大きく異なるものであった。詰め込み教育しか経験したことのない教師たちには、戸惑いが広がった。そこで、文部省では、教育課程編成と教育方法の参考書、手引書として「学習指導要領一般編」を「試案」という形で1947年に初めて刊行した。「この書は、学習の指導について述べるのが目的であるが、これまでの教師用書のように、一つの動かすことのできない道をきめて、それを示そうとするような目的でつくられたものではない。新しく児童の要求と社会の要求とに応じて生まれた教科課程をどんなふうにして生かして行くかを教師自身が自分で研究して行く手びきとして書かれたものである」とその序論のなかで述べている。今日のような教育課程編成の基準としての「学習指導要領」とは名称こそ同じであるが非なるものであった。

教科書についても、国定教科書から、民間の出版社が作る検定教科書に移行することとなった。暫定的・過渡的に、従来の国定教科書のうち新しい時代にふさわしくない内容の部分に墨を塗らせて消した上で使うこともあった（墨塗り教科書）。新教育では、唯一絶対の存在としての国定教科書はなくなり、教科書をうのみにすることなく、さまざまな教材（メディア）を活用していくことが教師にも子どもにも求められたのである。そのさまざまな教材（メディア）の活用を支える機能として、新教育では学校図書館が不可欠となり、すべての学校に法的に必置とされた（序章第2節（2）参照）。

こうして明治時代以来のステレオタイプな「学び」は改革されたかに見えた。しかし、残念ながら、定着を見るまでもなく、程なくして、大幅な軌道修正がなされることとなった（これを逆コースという人もいる）。

共産党一党独裁による中華人民共和国の成立（1949年）、朝鮮戦争の勃発（1950年）といった国際情勢のなかで、GHQの占領政策にも大きな変化が見られるようになった。日本を共産主義の防波堤とするアメリカの方針のもと、再軍備（警察予備隊の創設）やレッドパージなどがなされたのである。1952年4月の「サンフランシスコ講和条約」発効によって日本が独立を回復した後も、戦後初期に進められた諸改革の軌道修正（見直し）が検討され、学校教育についても軌道修正の渦に巻き込まれていったのである。

学校教育の軌道修正の一つに、教育課程と教育方法の見直しがあった。端的に言えば、新教育の放棄である。1958年に「学習指導要領」が改訂され、あわせて、官報に告示された。これによって、それまで参考書、手引書に過ぎなかった「学習指導要領」が、法的拘束力を持つ教育課程編成の国家基準へと変貌したのである。そして、教科や知識の系統性を重視した教育内容となった。教育方法も、検定教科書を中心にした詰め込み型の教育、いわば明治時代からのステレオタイプな「学び」へと逆戻りしていくのであった。これにより、学校図書館もほとんど顧みられなくなり、「停滞」とも呼べる状況になったのは序章第2節（2）で述べた通りである。

日本が系統性を重視する教育課程に転換する背景には、スプートニクショックも大きかった。1957年にソビエト連邦が世界に先駆けて人工衛星（スプートニク）の打ち上げに成功し、科学技術教育の必要性が資本主義諸国で広く認識されることとなったのである。日本でも、理科教育を一層重視することとなり、そのアプローチがすでに述べた知識を系統的に教え込んでいくというものであった。一方、日本と対照的なのは、アメリカである。これまでの新教育（経験主義教育）への批判も含みながら、「「科学の方法」「探究の過程」を重視することによってすべての生徒に科学の本質を教えることが可能であるという、科学教育の現代化の試みが始まった」のである。そのための環境整備にも力が注がれ、その一環として「従来の学校図書館はカリキュラムの展開を支えるメディアセンターとして整備[4]」されていった。

日本の学校教育、いわば「学び」のあり様には、経済界からの要請も強く影響していたといわれる。とりわけ、1955年から1973までの高度経済成長期、経済界は産業構造の変化に見合った人材養成を求め、学校教育における「能力主義」が強調されるようになった。なかでも、高等学校では、能力や適性に応じた多様な学科が設置されていき、同時に、序列化ももたらした。時あたかも、第一次ベビーブーム期（1947年―1949年）生まれの子どもの高等学校への進学時期との重なりもあり、受験競争が熾烈化した。隆盛する受験産業が偏差値をつくり出したことで、学校の序列化に一層の拍車がかかった。学校も受験指導に終始し、学校やそこでの「学び」の本質が置き去りにされていった。

このような学校教育のなかで、「学び」についていけず「落ちこぼれ」のレッテルを貼られる子どもが続出し、校内暴力、集団非行、家庭内暴力などの「教育荒廃」が社会問題としてクローズアップされるのは、高度経済成長が終わって間もない1970年代半ばのことであった。武田鉄矢主演で、さまざまな学校現場の問題をリアルに描き出した人気テレビドラマ「3年B組金八先生」の第1シリーズがはじまるのもこの時期（1979年）のことであった。

このように、日本の学校教育の歴史を振り返ると、子どもを主体に据えた新たな「学び」への改革を図ろうとする機運や機会が何度か訪れるのだが、それがうまく生かされないうちに、さまざまな要因からステレオタイプな「学び」に逆戻りしてしまう繰り返しであったことが見えてくる。まるで「振り子時計」のように。

第2節　模索される新たな「学び」への転換

日本の学校教育における「学び」は、すでに述べてきたように、各学校の教育課程編成においても、また、各教師の教育方法においても、国が定めた「学習指導要領」に縛られる部分が大きい。したがって、「学習指導要領」が指し示す学校教育の方向性次第で、「学び」のあり様は良くも悪くも変わっていくことになる。

前節の続きから見ていこう。「教育荒廃」が社会問題としてクローズアップされるなかで、文部省は、「学習指導要領」を改訂して、授業時数の一割削減や教育内容の大幅な精選などを通して、学校現場や子どもにゆとりを生み出し、人間性豊かな子どもを育てる方向へと修正を図ることになった。「ゆとり」教育というと最近登場したように思われがちだが、実はその登場はいまから40年以上も前のことであった。

1980年代になると、内閣総理大臣の諮問機関として臨時教育審議会が設置（1984年）され、数次にわたって答申を出している。ここでの審議は、現在進行中の教育改革の出発点と評する向きもある。[5] 最終答申（第四次答申）（1987年）[6]では、今後の教育改革の3つの視点が示された。すなわち、「個性重視の原則」「生涯学習体系への移行」「変化への対応」の3つである。このうち、「個性重視の原則」が、「今次教育改革で最も重視されなければならない基本的な原則」

とされた。

「個性重視の原則」については、最終答申では、次のように説明している。「今次教育改革において最も重要なことは、これまでの我が国の根深い病弊である画一性、硬直性、閉鎖性を打破して、個人の尊厳、自由・自律、自己責任の原則、すなわち「個性重視の原則」を確立することである。この「個性重視の原則」に照らし、教育の内容、方法、制度、政策など教育の全分野について抜本的に見直していかなければならない」。

「生涯学習体系への移行」については、「我が国が今後、社会の変化に主体的に対応し、活力ある社会を築いていくためには、学歴社会の弊害を是正するとともに、学習意欲の新たな高まりと多様な教育サービス供給体系の登場、科学技術の進展などに伴う新たな学習需要の高まりにこたえ、学校中心の考えを改め、生涯学習体系への移行を主軸とする教育体系の総合的再編成を図っていかなければならない」と説明している。

そして、「変化への対応」については、「今後、我が国が創造的で活力ある社会を築いていくためには、教育は時代や社会の絶えざる変化に積極的かつ柔軟に対応していくことが必要である。なかでも、教育が直面している最も重要な課題は国際化と情報化への対応である」と述べる。

こうした臨時教育審議会での審議などもふまえて、新たな「学び」のあり方が模索され、1989年に全面改訂された「学習指導要領」では、「社会の変化に自ら対応できる心豊かな人間の育成」を目指して、小学校低学年で社会科と理科を廃止し、新たに生活科を設けるなどの見直しが図られた。続く、1998年の改訂では、週5日制の実施や教育内容の一層の厳選を通して「ゆとり」を改めて強調するとともに、主体的な問題解決の力である「生きる力」を育成する方向性が示された（なお、「生きる力」はその後、数度再定義されながら現在に至っている）。この「生きる力」を育てる中核領域として、「総合的な学習の時間」が創設された。総則の「指導計画の作成等に当たって配慮すべき事項」に「学校図書館を計画的に利用しその機能の活用を図り、生徒の主体的、意欲的な学習活動や読書活動を充実すること」（生徒の部分は小学校では児童）が盛り込まれるなど、「学び」への学校図書館活用への期待も高まった。

ところが、OECD（経済協力開発機構）が2000年に実施した国際的な学力調査（PISA）の結果などから、学力や読解力の低下が指摘されるようになる。こうした批判もあり、2008年の「学習指導要領」改訂では、「生きる力」を育てる方向性を維持しながらも、基礎・基本の習得にも重点を置くこととなった。小幅ながらも、ここにも「振り子時計」の揺れを垣間見ることができる。このときの改訂では、読解力の低下への対応から「言語活動」の充実も柱の一つとされた。

そして、現行の2017年改訂の「学習指導要領」では、AI等の技術革新による産業構造や社会構造の変化を見通し、これまでの教科等の教育内容は維持しつつ、言語能力、情報活用能力、問題発見・解決能力等の育成や現代的な諸課題に対応して求められる資質・能力の育成が強調された。そして、カリキュラム・マネジメントによる教科横断的な「学び」を充実することや「主体的・対話的で深い学び」(いわゆるアクティブ・ラーニング)の実現に向けた授業改善に取り組むことが盛り込まれた。「主体的・対話的で深い学び」とは、教師からの一方的な知識の詰め込みではなく、グループワークやディスカッションなどを取り入れて児童生徒が主体的に参加して、深く学習できる授業づくりのことである。「総則」では、「学校図書館を計画的に利用しその機能の活用を図り、生徒の主体的・対話的で深い学びの実現に向けた授業改善に生かすとともに、生徒の自主的、自発的な学習活動や読書活動を充実すること」(生徒の部分は小学校では児童)とされ、学校図書館が「主体的・対話的で深い学び」の実現に向けた授業改善に深く関わることも明示された。文部科学省が公開した「主体的・対話的で深い学び(「アクティブ・ラーニング」)の視点からの授業改善)について(イメージ)」(図1―1)には、具体例の一つとして、「事象の中から自ら問いを見いだし、課題の追究、課題の解決を行う探究の過程に取り組む」(いわゆる探究的な学び)などが挙げられている。しかし、現行の「学習指導要領」にも課題はある。例えば、根本彰は「探究型の教育課程が全面的に導入されているため、学校図書館についての記述が増えていることは確かである。だが、そうした個々の教科、単元のなかで学校図書館がどのように関わるのかについては具体的に書かれているわけではない(7)」などの課題を指摘している。

主体的・対話的で深い学びの実現
（「アクティブ・ラーニング」の視点からの授業改善）について（イメージ）
「主体的・対話的で深い学び」の視点に立った授業改善を行うことで、学校教育における質の高い学びを実現し、学習内容を深く理解し、資質・能力を身に付け、生涯にわたって能動的（アクティブ）に学び続けるようにすること
【主体的な学び】
学ぶことに興味や関心を持ち、自己のキャリア形成の方向性と関連付けながら、見通しを持って粘り強く取り組み、自己の学習活動を振り返って次につなげる「主体的な学び」が実現できているか。
【例】
・　学ぶことに興味や関心を持ち、毎時間、見通しを持って粘り強く取り組むとともに、自らの学習をまとめ振り返り、次の学習につなげる
・　「キャリア・パスポート（仮称）」などを活用し、自らの学習状況やキャリア形成を見通したり、振り返ったりする
学びを人生や社会に生かそうとする
学びに向かう力・人間性等の涵養
生きて働く
知識・技能の
習得
未知の状況にも
対応できる
思考力・判断力・表現力等の育成
主体的な学び
対話的な学び
深い学び
【深い学び】
習得・活用・探究という学びの過程の中で、各教科等の特質に応じた「見方・考え方」を働かせながら、知識を相互に関連付けてより深く理解したり、情報を精査して考えを形成したり、問題を見いだして解決策を考えたり、思いや考えを基に創造したりすることに向かう「深い学び」が実現できているか。
【例】
・　事象の中から自ら問いを見いだし、課題の追究、課題の解決を行う探究の過程に取り組む
・　精査した情報を基に自分の考えを形成したり、目的や場面、状況等に応じて伝え合ったり、考えを伝え合うことを通して集団としての考えを形成したりしていく
・　感性を働かせて、思いや考えを基に、豊かに意味や価値を創造していく
【対話的な学び】

子供同士の協働、教職員や地域の人との対話、先哲の考え方を手掛かりに考えること等を通じ、自己の考えを広げ深める「対話的な学び」が実現できているか。

【例】
・　実社会で働く人々が連携・協働して社会に見られる課題を解決している姿を調べたり、実社会の人々の話を聞いたりすることで自らの考えを広める
・　あらかじめ個人で考えたことを、意見交換したり、議論したりすることで新たな考え方に気が付いたり、自分の考えをより妥当なものとしたりする
・　子供同士の対話に加え、子供と教員、子供と地域の人、本を通して本の作者などとの対話を図る

図1-1　文部科学省による「主体的・対話的で深い学び」の実現のイメージ

このように、新たな「学び」に向けて、ゆっくりではあるが着実に学校教育は変わってきていることがわかるだろう。しかし、学校での子どもの「学び」は、教育行政や学校だけで成り立っているわけではない。家庭や社会との関わりのなかで成り立っている。いくら学校が新たな「学び」への転換を指向しても、家庭や社会がステレオタイプな「学び」に固執して抵抗勢力となっては元も子もない。時代とともに学校もそこでの「学び」も変わっていくことをすべての人たちが「学び」取っていくことが大切であるし、これもまさに「生涯学習」である。保護者や地域への情報発信などを通して、学校がそれを支援していくことも必要となろう。

第3節　新たな「学び」を支える学校図書館

「読書センター」だけでなく、「学習センター」と「情報センター」である学校図書館は、これからの「主体的・対話的で深い学びの実現に向けた授業改善」を支える要となるべき存在である。そのためにも、序章第3節で述べたような学校図書館の現状に見る課題の解決が急がれることはいうまでもない。とりわけ、「資料（メディア）」と「職員」をめぐる課題の解決なしに学校図書館の機能のさらなる向上は厳しいだろう。

同時に、学校図書館を「主体的・対話的で深い学び」に活かせるかどうかは、教師一人ひとりの意識にかかっている部分も大きい。教育課程を授業として具現化していくのは、教師一人ひとりだからである。なかには、今までの教科書中心の詰め込み型の授業のやり方を変えることに煩わしさを感じている教師や、学校図書館をどう授業で活用していいのかわからない教師も少なくないだろう。根本の指摘にあるように、こと細かに学校図書館の活用方法までが「学習指導要領」に示されているわけではない。したがって、学校として、学校図書館活用の計画を定めたり、学校図書館活用をテーマとした校内研修を行ったり、教職員用の「図書館だより」を発行して学校図書館活用を促したりといった取り組みが欠かせない。学校図書館を活用できる学校となるかどうかは、まさにいまの取り組みにかかっているといっても過言ではない。それを担うのは、もち

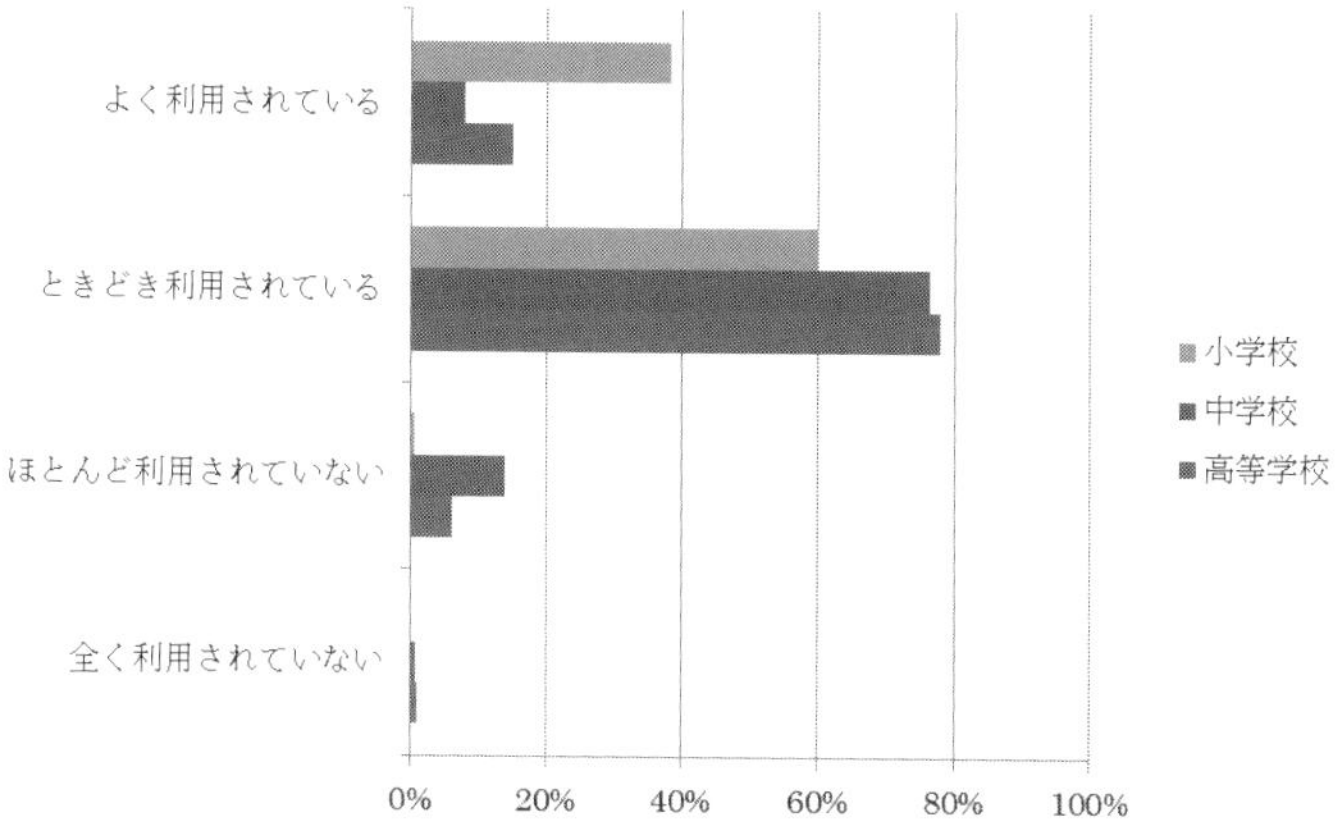

図1-2　教科等での学校図書館の利用状況

ろん、司書教諭や学校司書といった学校図書館の実務を担う教職員である。しかし、それだけでなく、館長でもある校長の理解とリーダーシップが取り組みの成否を左右すると筆者は考えている（終章参照）。

では、学校図書館活用の現状や活用に向けての取り組みはどうなっているのだろうか。全国学校図書館協議会による「2018年度学校図書館調査」では、学校図書館の活用が年間指導計画に位置づけられているかについて調べている。その結果、小学校の87・5%、中学校の59・9%、高等学校の42・0%で学校図書館の活用が年間指導計画に位置づけられている。(8)

同じく「2018年度学校図書館調査」では、教科等で実際に学校図書館が利用されているかについても調べている。その結果は、**図1−2**の通りである。(9) 意外なことに、学校図書館の活用が年間指導計画に位置づけられている割合が3つの学校種のなかで最も低い高等学校でも、利用されている割合が極端に低いということはない。ただし、どれくらいの頻度をもって「よく」や「ときどき」と言っているのかは回答者にゆだねられている面もあり、定かではない。そのため、学期に1回程度でも「よく」と回答している可能性も否めない。また、利用の内実も同様である。例えば、小学校では、国語科や特別活動などの時間をやり繰りして、週に1時間程度、学校独自に「図書の時間」や「読書の時間」という学校図書館を優先的に利用できる時間を週時程表上に設定しているところもある。この時間を活かした学校図書館活用の優れた実践も数多く報告されている。一方で、子どもを学校図書館に連れて行くだけで、あとは子どもに好き勝手やらせているだけの教師や学校司書に全部お任せの教師もいると聞く。ここからも、学校図書館の利用状況の内実がうかがわれよう。ともかく、利用されている頻度が「ときどき」をピークとする現状を「よく」に移行させるべく、また、少数ながらも「ほとんど利用されていない」「全く利用されていない」が存在する現状を改善するためにも、やはりすべての学校で年間指導計画にしっかりと位置づけていくことが欠かせないだろう。

また、全国学校図書館協議会による「2019年度学校図書館調査」では、学校図書館活用の活性化に向けて、校内での研修の機会を設けているかを調べている。その結果は、**図1—3**の通りである。[10] 学校図書館に関する校内研修の開催はきわめて低調である。特に、校内研究に位置づ

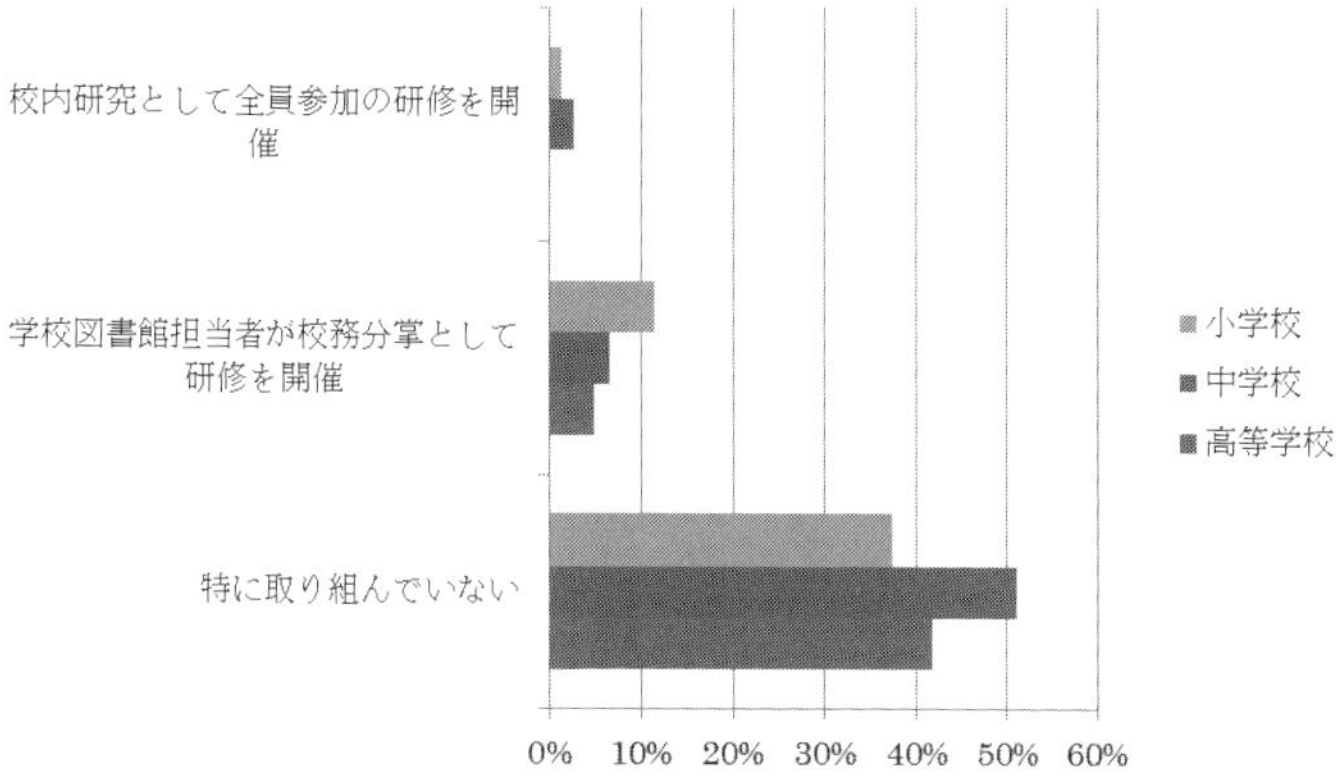

図1-3　学校図書館に関する校内研修の開催状況

けての全員研修となると、高等学校での開催は皆無であった。

「2019年度学校図書館調査」では、教科等での学校図書館活用を支える教職員向けの各種サービスの実施状況についても調べている。その結果は、**図1―4**の通りである。[11] 教師の学校図書館活用を促すには、文書や口頭で説明するだけよりも、教師自身に学校図書館のサービスを実際に利用してもらい、その便利さや可能性を実感してもらうことが効果的である。しかし、学校図書館の主な利用者は子どもであって教職員ではないと誤解され、教職員向けの各種サービスの実施は二の次にされている学校も少なくない。子どもと教職員は、どちらも等しく学校図書館の利用者である。その点を改めてしっかりと押さえておきたい。

学校図書館活用に向けての機運は、これまでになく高まっているのは間違いない。しかし、多くの学校に

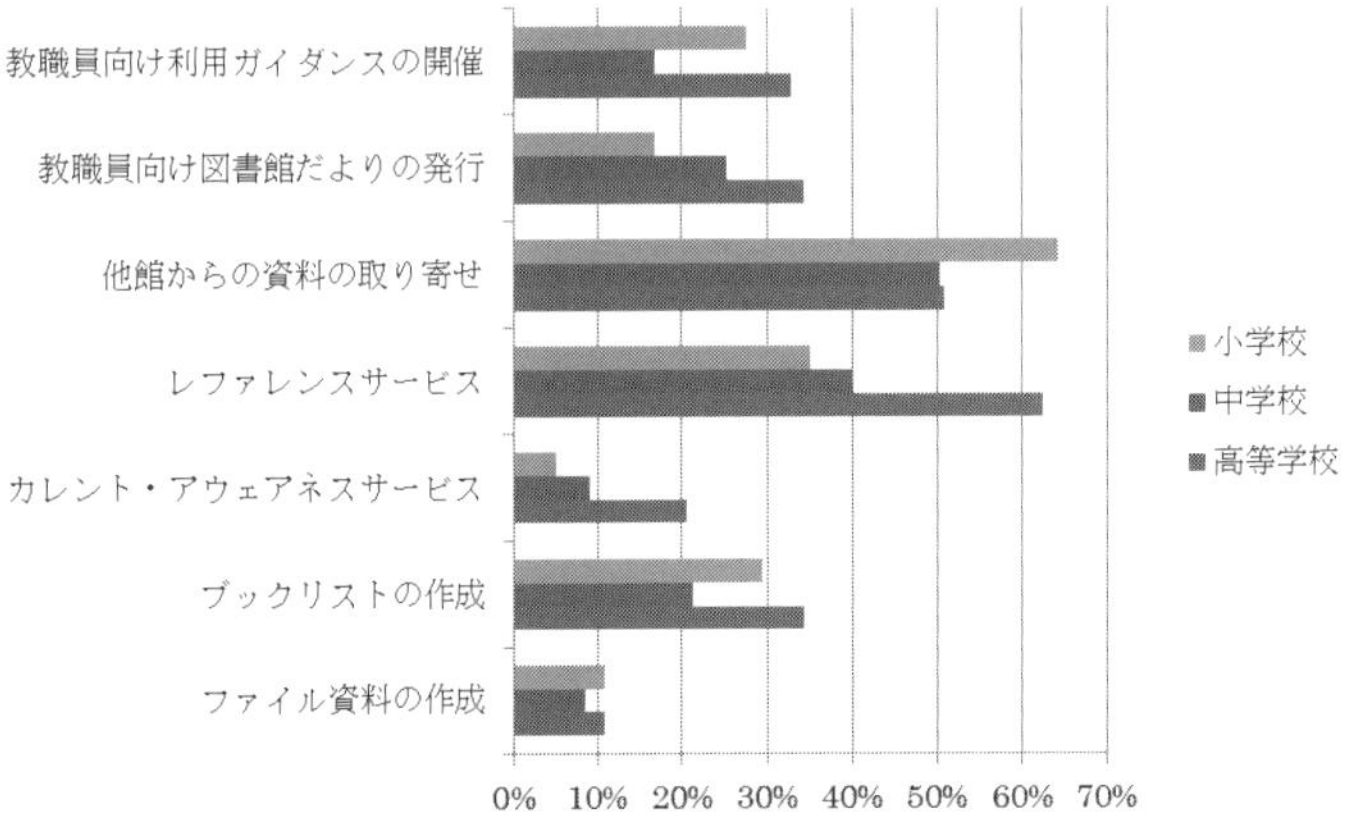

図1-4　学校図書館における教職員向けサービスの提供状況

とっては、「学習センター」「情報センター」としての学校図書館の活用は緒についたばかりであるのも事実である。しかも、その基盤はまだ脆弱な学校が少なくない。とはいえ、この機運をうまく生かすことで、再び訪れるかもしれない「振り子時計」の振れにびくともしない「学び」のインフラとしての学校図書館の強固な基盤を確立することも不可能ではない。そのためには、学校教育関係者はもちろんのこと、保護者をはじめとしたすべての大人の理解と協力が不可欠である。学校図書館関係者はこれまで周囲の理解と協力を得る努力を意識的かつ積極的にしてきただろうか。仲間内だけで固まらず、いろいろな人と学校図書館を語り合おうではないか。次代の担うすべての子どもの「学び」のために。

注

（1）ただし、近年では、この定説に対する批判的検討を行う次のような研究もある。角知行「日本の就学率は世界一だったのか」『天理大学人権問題研究室紀要』17号、2014年、19―31頁

（2）海後宗臣監修『日本近代教育史事典』平凡社、1971年、710頁

（3）田嶋一・中野新之祐・福田須美子・狩野浩二『やさしい教育原理（第3版）』有斐閣アルマ、2016年、71頁

（4）根本彰『教育改革のための学校図書館』東京大学出版会、2019年、20頁

（5）麻生誠・天野郁男『現代日本の教育課題』放送大学教育振興会、1999年、250頁

（6）臨時教育審議会「教育改革に関する第四次答申（最終答申）（抄）」、1987年（国立青少年教育振興機構ウェブサイト内「青少年教育に関する法令・答申・調査研究・統計等」掲載）

（7）前掲（4）、316頁

（8）全国SLA研究調査部「2018年度学校図書館調査報告」『学校図書館』817号、2018年、61―62頁

（9）前掲（8）、65―67頁

（10）全国SLA研究調査部「2019年度学校図書館調査報告」『学校図書館』830号、2019年、33―34頁

（11）前掲（10）、34―36頁

参考文献

鈴木理恵・三時眞貴子編著『教育の歴史・理念・思想』協同出版、2014年
田嶋一・中野新之祐・福田須美子・狩野浩二『やさしい教育原理（第3版）』有斐閣アルマ、2016年
根本彰『教育改革のための学校図書館』東京大学出版会、2019年

野口武悟・鎌田和宏編著『学校司書のための学校教育概論』樹村房、２０１９年
野口武悟・前田稔編著『改訂新版　学校経営と学校図書館』放送大学教育振興会、２０１７年
古屋恵太『教育の哲学・歴史』学文社、２０１７年
森川輝紀・小玉重夫編著『教育史入門』放送大学教育振興会、２０１２年

第2章　子どもの多様な育ちに応える学校図書館

2019年、「子どもの権利に関する条約」（児童の権利に関する条約）が1989年11月に国際連合の総会で採択されてから30年を迎えた（日本の批准は1994年）。この30年で、子どもを取り巻く状況は改善されたのかといえば、残念ながら、そうではない。

「子どもの権利に関する条約」では、締約国に対して、5年ごとに履行状況を報告し、国際連合に設けられた委員会の審査を受けることを求めている。これまでの審査において、日本は「高度に競争的な学校環境が就学年齢層の子どものいじめ、精神障がい、不登校、中途退学および自殺を助長している可能性があることも、懸念する」などの指摘を受けている。(1)

いま、日本の子どもの育ちを取り巻く現状はどうなっているのだろうか。そして、そこから見えてくる課題は何だろうか。私たちは、その現状と課題を理解し、力を合わせ解決していかなければならない。すべての子どもが、等しくその権利を尊重されながら育まれるために。

第1節　物質的豊かさの陰で進む「見えない貧困」

（1）子どもの貧困

貧困という言葉を聞いて、それが日本社会の大きな課題であるとすぐに理解できる人はどれくらいいるだろうか。どこかの開発途上国のことを思い浮かべる人もいるかもしれない。確かに、開発途上国のなかには多くの人々が貧困に苦しんでいる国も少なくない。衣食住に必要な最低限度のものを購入することがままならず餓死寸前の状態の人々の姿をニュース映像などで見たことのある人もいるだろう。こうした貧困を「絶対的貧困」という。「絶対的貧困」は、「ある最低必要条件の基準が満たされていない状態を指します。一般的には、最低限度必要とされる食糧や食糧以外のものが購入できるだけの所得または支出水準（＝貧困ライン）に達していない」[2]状態と定義される。

一方、日本で課題となっている貧困は、「相対的貧困」である。「相対的貧困」とは、「ある地域社会の大多数よりも貧しい状態」[3]を指す。より具体的にいうと、世帯の所得が各国の等価可処分所得の中央値の半分に満たない状態のことである。等価可処分所得も聞き慣れない言葉だが、世帯の可処分所得（いわゆる手取り収入）を世帯人員の平方根で割って調整した所得のことである。等価可処分所得の中央値は、日本では2015年時点で、一人世帯で244万円、二人世帯で345万円、三人世帯で423万円、四人世帯で488万円となっている。「子どもの貧困率」は、子どもがいる世帯の大人も含めて算出した「子どもがいる現役世帯の貧困率」を指すのではなく、17歳以下の子ども全体に占める等価可処分所得の中央値の半分に満たない子どもの割合を指している。日本の「子どもの貧困率」は2015年で13・9％となっている。[4] ひとり親世帯ほど生活に困窮しやすいことが各種の調査結果から示されている。

「相対的貧困」は、「見えざる貧困」や「見えない貧困」ともいわれる。それは、貧困状態にあるとされる人々でも、日常的に自転車に乗っていたり、スマートフォンを持っていたりと、とても貧困状態にあるようには見えない日常生活を送っているからである。

「見えない貧困」ともいわれる「子どもの貧困」の実態を知ることのできる調査も行われている。例えば、大阪府が大阪府立大学に委託して実施した「大阪府子どもの生活に関する実態調査」の報告書が2017年に公表されている。この調査は、「効果的な子どもの貧困対策を検証するための調査を実施し、得られた結果を分析することによって、支援を必要とする子どもや家庭に対する方策を検証すること」が目的であった。調査結果によると、困窮度Ⅰ（等価可処分所得の中央値の50％ライン以下）群の世帯では、経済的な理由による子どもの経験に関して、「家族旅行（テーマパークなどの日帰りのおでかけを含む）ができなかった」46・2％（等価可処分所得の中央値以上群では7・8％）、「子どもを学習塾に通わすことができなかった」35・7％（同じく3・6％）、「子どもに新しい服や靴を買うことができなかった」27・6％（同じく2・3％）などが高い割合となった。健やかな育ちに関わる「子どもを医療機関に受診させることができなかった」も7・7％（同じく0・6％）あった。また、困窮度Ｉ群の世帯と等価可処分所得の中央値以上群の世帯との差が大きかった経験としては、「子どもの誕生日を祝えなかった」が6・6％（中央値以上群に対して38・3倍の高率）、「子どもにお年玉をあげることができなかった」が14・3％（同じく33・0倍）、「子どもの学校行事などに参加できなかった」7・3％（同じく14・1倍）などとなっていた。(5)

日本の「子どもの貧困率」は、経済協力開発機構（ＯＥＣＤ）加盟諸国のなかでも上位に当たり、ＯＥＣＤ平均13・3％をも上回っている。なお、「子どもの貧困率」が最も高い国はイスラエルで28・5％と30％近くに達している。また、アメリカも日本より高く20％を超えている。一方で、「子どもの貧困率」が最も低い国はデンマークの3・7％で、次いでフィンランドの3・9％、ノルウェーの5・1％といった北欧諸国（福祉国家）が続く。(6)

ところで、日本には、貧困に陥ってしまった場合にその状態にある人を救うための公的な制度として生活保護制度がある。これは、「資産や能力等すべてを活用してもなお生活に困窮する方に対し、困窮の程度に応じて必要な保護を行い、健康で文化的な最低限度の生活を保障し、その自立を助長する制度」(7)である。生活保護を受給している人は、２０１９年12月の時点で、約２０７万人となっており、保護率は１・64％である。(8)保護世帯類型別に見ると、高齢者世帯が全体の半数以上を占めており、次いで傷病者・障害者世帯が約25％、母子世帯が約5％、その他の世帯が約15％となっている。高齢化を反映して高齢者世帯が増加傾向であり、また、その他の世帯も増えている。この点に関わって、宮武正明は次のような指摘をしている。「ここ数年、2000年代以前の生活保護では考えられなかった、稼働年齢単身者の生活保護の受給が増えている。この原因の一つは、2000年代の新自由主義がもたらした、セーフティネットのない非正規雇用の拡大による負の遺産にあるが、さらにさかのぼって1980年代、総中流社会と言われた中で、社会的に排除されてきた貧困世帯の子どもが中学卒業後にすぐに、あるいは高校中退して無職少年（少女を含む、以下同）となり、その状態で大人（中年）になる中で「貧困の連鎖」が起きていることがもう一つの原因として挙げられる」[9]。「貧困の連鎖」については、本節（2）で触れる。

生活保護制度には、2000年代の不正受給報道などに端を発して、さまざまな厳しい批判が相次いだ。生活保護受給者が多すぎて財源を圧迫している、最低賃金よりも生活保護給付額のほうが高い、などである。こうした厳しい批判や、差別を恐れて、本当に必要な人が生活保護の受給申請をためらうようなケースもある。福祉事務所の窓口にきた人を厳しい言葉で追い返すような行政の対応が問題になったりもした。

そもそも、生活保護制度は、貧困対策として機能しているのだろうか。梶純永は、「生活保護制度は貧困対策として機能しているとはいいづらい」とし、生活保護受給者の捕捉率の低さを根拠として挙げる。「捕捉率に関しては定義や対象世帯によって変わってくるため一概にはいえないが、生活保護の捕捉率は大体15%〜20%にとどまると推定されている。つまり生活保護を受給してしかるべきとされる人たちが8割もいるということである。これでは貧困対策の機能を持つ公的扶助の役割を果たしているとは到底いえない」。「相対的貧困水準と生活保護の最低生活水準は基準が異なっているため相対的貧困＝最低生活水準とはならないが、相対的貧困にある人のうち3分の1から半分ぐらいは生活保護を利用してしかるべきではないかという考えがある」などと述べている。(10) 日本国憲法第25条に規定する「すべて国民は、健康で文化的な最低限度の生活を営む権利を有する」、すなわち生存権を保障するために生活保護制度が重要であることはいうまでもなく、実態にあった保護を可能とするような制度的な見直しが必要といえよう。

このほかにも、「子どもの貧困」対策として、国は児童扶養手当の支給、親に対する生活困窮者自立相談支援事業、高等職業訓練促進給付金や高等職業訓練促進資金貸付事業などを実施している。しかし、生活保護制度も含めて、これら制度や仕組みが必要とする人に十分に認知されていなかったり、利用の方法がわかりづらいといった意見も聞かれる。なお、「子ども食堂」の取り組みをはじめ、民間レベルでの「子どもの貧困」への支援の取り組みも広がっている。

（2）「貧困の連鎖」を断ち切る学習支援

貧困は、次世代に連鎖することが知られている。いわゆる「貧困の連鎖」である（図2―1）。この負の連鎖を断ち切るためには、本節（1）で触れたような経済面での支援、生活面での支援が大切なことはもちろんであるが、教育面での支援が欠かせない。生活保護世帯の子どもの高等学校進学率はそうでない子どもよりも低いこと、その背景には経済的な問題だけでなく低学力（所得の低い世帯ほど子どもの学力が低い）があることなどがさまざまな調査から明らかになっている。

教育面での支援の取り組みの一つが、学習支援である。国は、2010年から生活保護世帯の子どもの学習支援を「生活保護自立支援事業」の補助対象とした。また、2012年からはひとり親世帯の子どもの学習支援の充実を図るために「学習支援ボランティア事業」をはじめた。さらに、2013年6月には「子どもの貧困対策の推進に関する法律」が制定され、「国及び地方公共団体は、教育の機会均等が図られるよう、就学の奨励、学資の援助、学習の支援その他の貧困の状況にある子どもの教育に関する支援のために必要な施策を講ずるものとする」（第10条）と教育面での支援が明記され、学習支援も位置づけられた。

生活困窮世帯の子どもへの学習支援は、対象となる世帯の子どもは無料で利用できるが、地方公共団体の教育委員会ではなく福祉部局が所管するケースが多い。行政が地域のNPO法人など

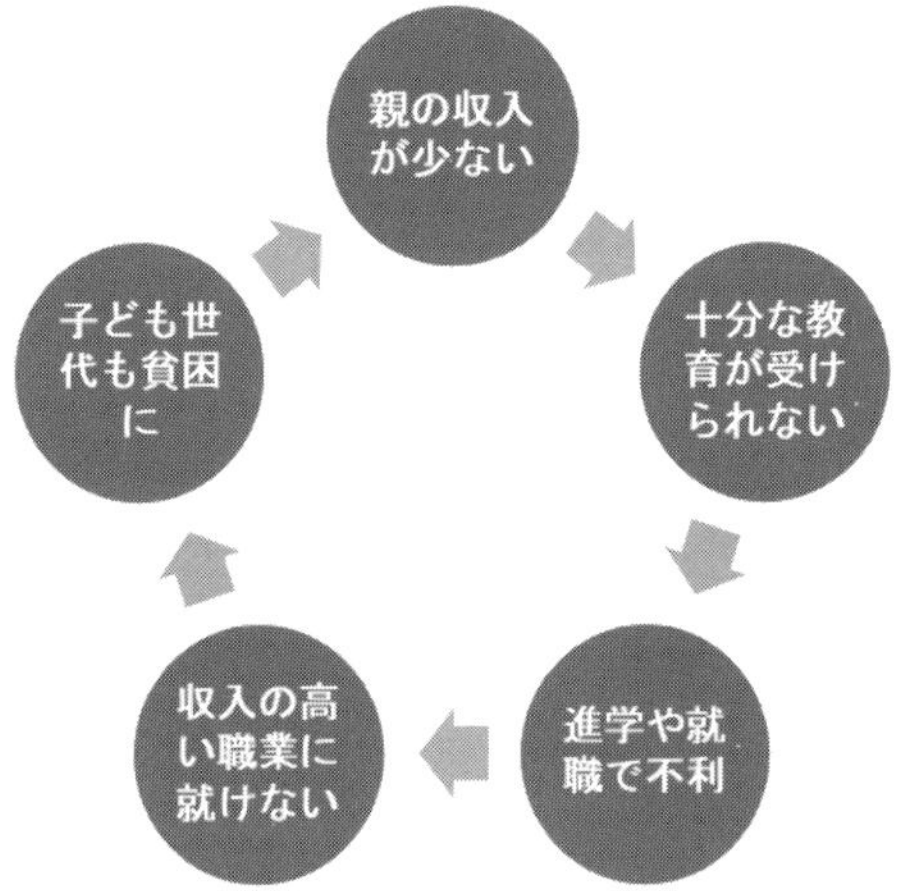

図2-1　「貧困の連鎖」（出典：相川哲也「国における子供の貧困対策の取り組みについて」内閣府、2017年、1頁）

に委託をして実施するケースが多く、教員ＯＢや教職志望の大学生などが主な担い手となっている。例えば、横浜市のある区では、「青少年支援事業の実績のある区内のＮＰＯ法人へ事業を委託し、ＮＰＯ法人および区内にある大学の学習アシスタントが連携し、中学生への個別学習支援を定期的に行っている」[11]。また、千葉県八千代市では、市と地元のＮＰＯ法人が連携して、生活保護世帯とひとり親世帯の中学３年生を対象に学習支援の場を設けている。[12]北海道釧路市では、「基礎学力保障条例」を制定して、自治体をあげて取り組みを進めている。[13]

　こうした生活困窮世帯の子どもへの学習支援の嚆矢は、１９８７年に東京都江戸川区において、福祉事務所の職員がボランティアではじめた「江戸川中３生勉強会」だとされる。[14]内閣府によると、生活困窮世帯の子どもへの学習支援は、２０１５年度で全国３００自治体で実施され、利用実績は約２万人であった。[15]２０１６年度には４００を超す自治体が実施しており、実施する自治体数、利用実績ともに今後も増えるものと思われる。しかし、取り組む自治体とそうでない自治体があり、学習支援に格差が生じている実態もある。国は、ICTの活用も図りながら学習支援を行う「地域未来塾」事業にも取り組んでおり、学習支援の格差を補完できる可能性もある。

教育面での支援の取り組みは、もちろん、学習支援だけではない。就学援助や奨学金制度の充実、幼児教育や高等学校教育の無償化などにも取り組んでいる。しかし、それぞれに課題がある。奨学金制度を例にとっても、給付型が多い欧米諸国と違って返済義務のある貸与型奨学金が一般的な日本では、奨学金を借りて進学しても、卒業後の就業状況や所得状況などから返済困難に陥るケースも報告されている。(16) 貸与型奨学金は、公的な教育ローンといってもよく、子どもに借金をさせて進学させる仕組みである。こうした奨学金制度が、「子どもの貧困対策の推進に関する法律」にいう「就学の奨励、学資の援助」として適切なのかどうか、検討を要する課題といえよう。

(3) 読書のセーフティネットとしての学校図書館

世帯の所得状況（家庭の経済状況）が子どもの学力に関連することは、教育社会学の知見などからよく知られている。読解力も同様であることが、新井紀子の研究から示されている。

新井は、全国の中学生・高校生たちを対象（約2万5000人）として2016年から基礎的な読解力を調べる「リーディングスキルテスト」を実施している。その結果、次のような点がわかったという[17]。主なものを挙げてみる（傍線は筆者による）。

・中学校を卒業する段階で、約3割が（内容理解を伴わない）表層的な読解もできない
・学力中位の高校でも、半数以上が内容理解を要する読解はできない
・読解能力値と進学できる高校の偏差値との相関は極めて高い
・読解能力値は中学生の間は平均的に向上する
・読解能力値は高校では向上していない
・読解能力値と家庭の経済状況には負の相関がある
・通塾の有無と読解能力値は無関係
・読書の好き嫌い、科目の得意不得意、1日のスマートフォンの利用時間や学習時間などの自己申告結果と基礎的読解力には相関はない

新井は、新聞の取材に対して、「中学卒業までに、中学の教科書を読めるようにすることが教育の最重要課題」「基礎的な読解力がないまま大人になれば、運転免許や仕事のための資格を取ることも難しくなる」などとコメントしている[18]。確かに、読解力はすべての学習の基礎である。

そして、これまでの学校教育は、教科書が読めることを前提に行われてきた。ところが、その前提にたどり着いていない子どもがいるのである。本節（2）で述べた学習支援の取り組みも、この前提のもとに行われているとしたら、その手前からの支援、いわば読みの支援から行う必要があるだろう。

そもそも、生活困窮世帯では、子どもに本を買ってあげる経済的余裕がなかったり、子どもに本を読み聞かせてあげる時間的余裕がない家庭が多い。つまり、最も身近な家庭内の読書環境が脆弱なのである。このことが、読解力の形成と発達に大きな影響を与えていることは想像に難くない。生活困窮世帯の子どもにとって、家庭以外の身近な場所に、気軽に利用できる居心地のよい読書環境があることの意味は大きい。それは、図書館、とりわけ毎日通う学校の学校図書館である。学校図書館は、生活困窮世帯の子どもとって、読書のセーフティネットといっても過言ではない。

学校図書館の担当職員（司書教諭、学校司書など）は、子どもを本好き、読書好きにさせることに力を入れる人が多い。このことは、とても大切である。しかし、新井の調査結果にあるように、「読書の好き嫌い」と基礎的読解力には相関はないという。好き嫌いの前に、しっかり読めているかどうかという視点を持って子どもに関わっていくことが必要ではないだろうか。

では、何をしたらよいのだろうか。考えられるアプローチはたくさんあるが、筆者が重視するのは意識的な読み聞かせである。聞く力が基礎となって読解力が形成、発達するからである。家庭での読み聞かせの経験がない子どももいることをふまえて、すべての子どもに等しく言葉のシャワーを降り注いであげたい。それが、読解力の芽を育む。読み聞かせは、小学校だけでなく、中学校でも高等学校でもよい。また、大人だけでなく、図書委員の子どもが読み手となってもよいだろう。

第2節　虐待から子どもを守る学校となるために

子どもに対する痛ましい虐待をめぐる報道が連日のようにメディアに登場する。マンションの部屋に小さな子どもを何日も放置して餓死させる、子どもに暴行を加えて重傷を負わせるなど、なぜわが子にここまでの酷いことができるのかと目を疑いたくなるような虐待報道の数々である。

「児童虐待の防止等に関する法律」によると、虐待とは、「保護者がその監護する児童（18歳に満たないものをいう。以下同じ。）について行う次に掲げる行為をいう」（第2条）と定義している。次に掲げる行為としては、「一　児童の身体に外傷が生じ、又は生じるおそれのある暴行を加えること」「二　児童にわいせつな行為をすること又は児童をしてわいせつな行為をさせること」「三　児童の心身の正常な発達を妨げるような著しい減食又は長時間の放置、保護者以外の同居人による前二号又は次号に掲げる行為と同様の行為の放置その他の保護者としての監護を著しく怠ること」「四　児童に対する著しい暴言又は著しく拒絶的な対応、児童が同居する家庭における配偶者に対する暴力その他の児童に著しい心理的外傷を与える言動を行うこと」の4つが示されている。一般には、一を身体的虐待、二を性的虐待、三をネグレクト、四を心理的虐待と呼んでいる。「児童虐待の防止等に関する法律」では、当然、「何人も、児童に対し、虐待をしてはならない」（第3条）と子どもに対する虐待を禁じている。

子どもに対する虐待の認知件数は増加の一途をたどっている。厚生労働省が2019年8月に公表した「平成30年度児童相談所での児童虐待相談対応件数〈速報値〉」[19]によると、2018年度は15万9850件となり、10年前の2008年度の4万2664件と比べると、実に3・7倍の増加となっている（図2―2）。虐待の類型別に見てみると、15万9850件のうち心理的虐待が55・3％（8万8389件）と半数以上を占めており、次いで身体的虐待の25・2％（4万256件）、ネグレクトの18・4％（2万9474件）、性的虐待の1・1％（1731件）となっている。これらの数値は、あくまでも児童相談所の把握している認知件数であり、子どもに対する虐待の実数はもっと多いのではないかとの指摘もある。

子どもに対する虐待が報道されるたびに「親を厳罰にしろ！」などという非難の声があがる。もちろん、刑法に照らして裁判所が刑事処分を決めることになるのだが、見逃してはならないの

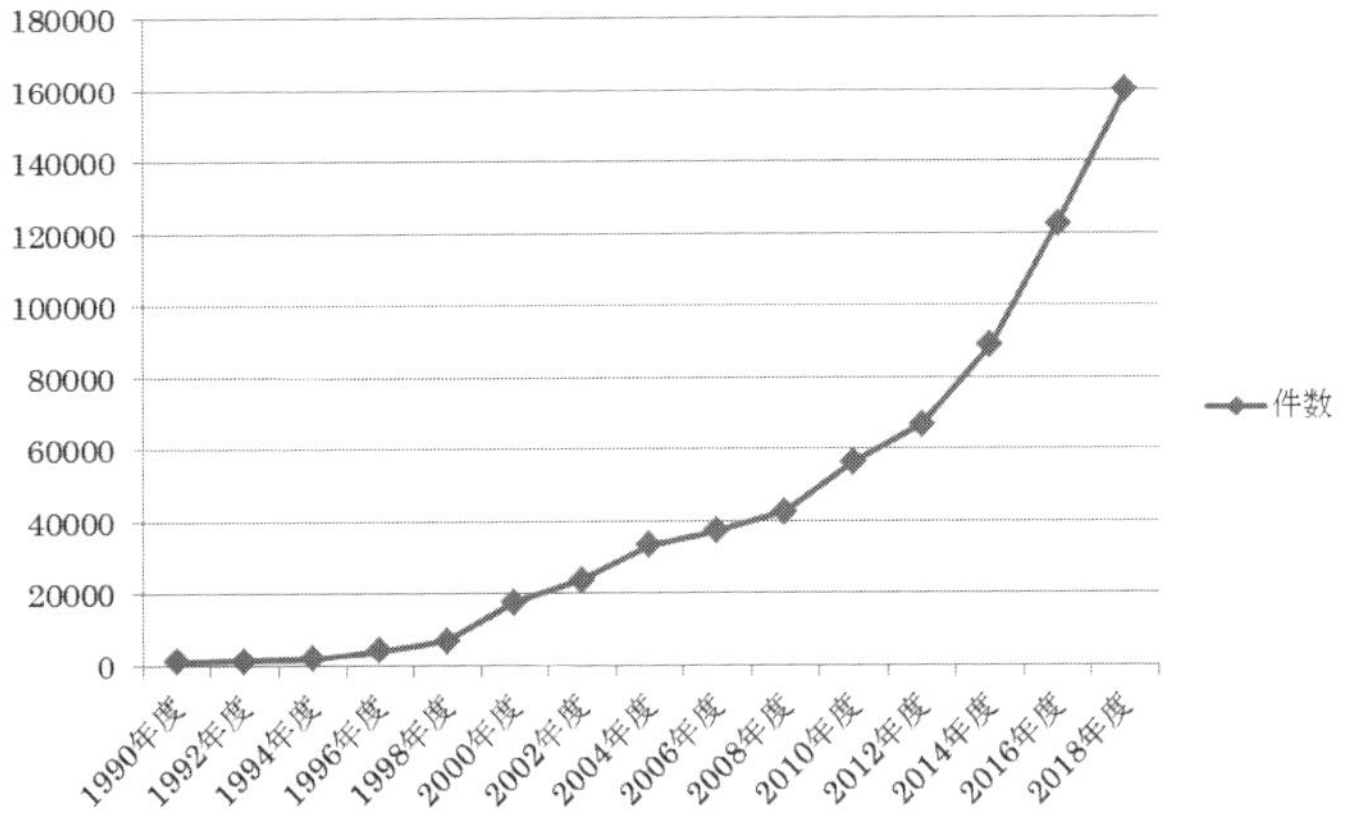

図2-2　児童相談所における児童虐待相談対応件数の推移

は、虐待をした親には刑事処分だけでなく援助も必要だということである。実は、貧困と同じように、虐待も負の連鎖が起こることが知られている。虐待をした親も、その親から虐待を受けて育っているケースが少なくない。刷り込まれてしまった虐待の記憶。無意識にわが子に同じような行為に及んでしまうリスクが高い。負の連鎖を断ち切るためには、専門家による適切な援助的介入が欠かせない。

子どもに対する虐待についての相談や援助を担うのが、児童相談所である。虐待の増加にあわせて児童相談所の役割はますます大きくなっている。ところが、対応が後手後手になり、結果的に子どもを救えなかったような事例も出ている。児童相談所の現状には、業務量に比して職員配置が十分ではないという職員体制や、相談や援助を担う児童福祉司の専門性、情報共有などの他機関（警察、医療、学校など）

との連携など、いくつもの課題を抱えている。[20] これらの課題に対応するべく、関連法規の改正などの施策も行われているが、解決までには至っていない。

子どもに対する虐待は、学校や病院で気づかれるケースもある。子どもが毎日通う学校では、担任の教員が子どもの異常に気づき、児童相談所につながった事例は少なくない。一方で、千葉県野田市で2019年に小学4年生の女児が父親から虐待を受けて死亡した事件では、女児が学校のアンケートで父親からの虐待を訴えていた。その結果、いったんは児童相談所につながり、女児は一時保護される。ところが、一時保護解除後に、学校と教育委員会がそのアンケートの写しを父親に渡していた。[21] 父親からの威圧的な言動に学校と教育委員会が屈した結果であったが、それが虐待のエスカレートを許すこととなってしまった。子どもに対する虐待は、児童相談所だけで解決できる問題ではない。学校や医療など子どもに関わるすべての機関とそこに勤める職員が、子どもを虐待から守るという意識を持って、連携して対応することが欠かせない。

第3節　多様な育ちによりそう学校図書館

ここまで述べてきた貧困や虐待だけでなく、子どもによって、その抱える生活上の困難やつらさ、悩みなどは、さまざまである。本章の冒頭に紹介した一文を思い出してほしい。「高度に競争的な学校環境が就学年齢層の子どものいじめ、精神障がい、不登校、中途退学および自殺を助長している可能性があることも、懸念する」。

子どもは、自らの困り感やSOSを学校図書館で訴えることがある。しかも、それらを言葉としてではなく、態度や表情、しぐさで学校図書館の担当職員に伝えようとすることもある。学校図書館の担当職員のうち学校司書は、子どもを評価する教師の立場ではないため、子どもがより安心感を持って教師には言いづらい本音を吐露することがある。

こうした子どもとの関わりにおいて、学校司書は教師ではないし、ましてや「カウンセラー」や「ケースワーカー」ではないのだから、対応しなくてもよいなどと考えてはならない。学校司書はもちろんのこと、子どもに関わる学校の教職員は職種の違いを超えて、「カウンセリング・マインド」を持って子どもに接していくことが大切である。ましてや、安心感を求めて学校図書館にやってくる子どもがいることを考えると、学校司書にとってはなおさらである。

若宮邦彦は、「カウンセリング・マインド」とは「自分の価値観や先入観をはさまずに、相手をわかろうとする態度である。この態度の中には、許容的態度や受容的態度が含まれる」とし、「カウンセリング場面のみならず教育・医療・ソーシャルワークなどの現場を中心に広く活用されている」と述べている。(22) つまり、対人サービスに関わる人が持つべき相手をわかろうとする態度が「カウンセリング・マインド」といえよう。

もう少し具体的にいうと、「カウンセリング・マインド」は、自分の価値観を脇に置いて、相手への「傾聴」「受容と共感」「繰り返し」の3点を意識して相手とのやり取りを実践することである。(23) 内閣府が困難を有する子ども・若者を支援する人材育成のために実施した「ユースアドバイザー養成プログラム」のなかでも、「カウンセリング・マインド」は取り上げられている。そこでは、悪い例と良い例が示されている。(24) ここでは、話しかけてきた子どもを「相手」、応対する人を「自分」とする。

【悪い例】

相手「僕、今、決めかねているんですよ。」

自分「ああ、そう。でも今になって言ったたって始まらないよね。とにかく頑張ろうよ。」

相手「はぁー。そうですね。」(この先が続かない。)

【良い例】

相手「僕、今、決めかねているんですよ。」

自分「そうですか、どっちにしようかと悩んでいるんですね。」

相手「そうなんですよ。どちらにしても結局変わらないんじゃないかと思うんですよ。」

自分「うんうん、君の気持ちはよく分かりますよ。結局何も変わらないというのはどんなことで？」

相手「それはですね……。」（この先、気持ちや考えが吐露されてきて自己理解が進む。）

前述の悪い例では、勇気づけているらしいけれども、なぜ決めかねているのかを掘り下げようとせず、また、決めかねている苦しさも無視してしまっている。一方、良い例では、「受容と共感」、積極的な「傾聴」、「繰り返し」という「カウンセリング・マインド」の基本を生かし、自分の価値観やべき論はとりあえず脇に置いて、相手中心にやり取りを進めている。(25)

おそらく、「カウンセリング・マインド」という言葉を知らなかったり、意識していなかったりしても、自然と上記の良い例のようなやり取りをしている学校図書館の担当職員は多いことと思う。しかし、改めて、「カウンセリング・マインド」の3つのポイント（「傾聴」「受容と共感」「繰り返し」）を意識してみることは大切だろう。

ところで、学校図書館の担当職員として子どもとやり取りをしたときに、明らかにいじめや虐待などが疑われる内容であったときには、早急な対応が必要である。「図書館の自由に関する宣言」（日本図書館協会）の内容などにも留意しつつ、クラス担任やスクールカウンセラー、スクールソーシャルワーカーなどにつなげなければならない。子どもによっては「絶対に他の人には言わないで」と言うこともあるが、子どものいのち、そして健やかな育ちを守ることが最優先である。この見極めを誤ってはならない。

なお、「カウンセリング・マインド」は、実は、学校図書館サービスの基幹サービスの一つである情報サービス（レファレンスサービス）における「レファレンス・インタビュー」などの場面でも生かせる。学校図書館の担当職員向けの研修会ではなかなかカウンセリングや心理学を学ぶテーマは設定されないが、他職種向けでも参加可能な研修はある。受講してみると新たな気づきがあるだろう。

注

（1）子どもの権利条約NGOレポート連絡会議編『子どもの権利条約から見た日本の子ども――国連・子どもの権利委員会第3回日本報告審査と総括所見』現代人文社、2011年、53頁

（2）国際協力機構国際協力総合研究所調査研究グループ『指標から国を見る――マクロ経済指標、貧困指標、ガバナンス指標の見方』国際協力機構、2008年、98頁

（3）前掲（2）に同じ

（4）厚生労働省「貧困率の状況」(https://www.mhlw.go.jp/toukei/list/dl/seigo_g_171005.pdf)（最終アクセス：2020年4月20日）

（5）大阪府立大学『大阪府子どもの生活に関する実態調査』、2017年、122頁

（6）内閣府『平成26年版子ども・若者白書』、２０１４年、30―31頁
（7）厚生労働省「生活保護制度」(https://www.mhlw.go.jp/stf/seisakunitsuite/bunya/fukushi_kaigo/seikatsuhogo/seikatsuhogo/index.html)（最終アクセス：２０２０年４月20日）
（8）厚生労働省「被保護者統計」(https://www.mhlw.go.jp/toukei/list/74-16.html)（最終アクセス：２０２０年４月20日）
（9）宮武正明『子どもの貧困――貧困の連鎖と学習支援』みらい、２０１４年、25頁
（10）梶純永「貧困問題からみる生活保護制度」『香川大学経済政策研究』14号、２０１８年、68頁
（11）宮武、上掲書、74―76頁
（12）宮武、上掲書、78―79頁
（13）「学力保障、釧路で条例化」『朝日新聞』２０１４年１月３日付朝刊
（14）宮武、上掲書、１３０―１４１頁
（15）相川哲也「国における子供の貧困対策の取り組みについて」（内閣府子供の貧困対策マッチング・フォーラム in 横浜プレゼン資料）、２０１７年、５頁
（16）大内裕和「日本の奨学金問題」『教育社会学研究』96集、２０１５年、77―80頁
（17）新井紀子『ＡＩ　ＶＳ．教科書が読めない子どもたち』東洋経済新報社、２０１８年、２２７―２２９頁
（18）「中高生　読解力ピンチ!?」『朝日新聞』２０１７年11月７日付朝刊
（19）厚生労働省「平成30年度児童相談所での児童虐待相談対応件数〈速報値〉」、２０１９年、１―３頁
（20）牧野千春「児童虐待対応をめぐる現状と課題――近年の児童虐待事件から」『調査と情報』１０１２号、２０１８年、６―11頁
（21）「野田・小４虐待死　学校、昨年９月に異変察知」『東京新聞』２０１９年12月22日付朝刊
（22）若宮邦彦「カウンセリング・マインドの効果研究――〝解放された純粋性概念〟を通して」『社会関係研究』12巻１号、２００７年、３頁

（23）内閣府政策統括官「5．1．3　カウンセリングマインド」『ユースアドバイザー養成プログラム（改訂版）――関係機関の連携による個別的・継続的な若者支援体制の確立に向けて』、２０１０年（https://www8.cao.go.jp/youth/kenkyu/h19-2/html/5_1_3.html）（最終アクセス：２０２０年４月20日）
（24）内閣府政策統括官、上掲書
（25）内閣府政策統括官、上掲書

参考文献

野口武悟・鎌田和宏編著『学校司書のための学校教育概論』樹村房、２０１９年
宮武正明『子どもの貧困――貧困の連鎖と学習支援』みらい、２０１４年

【コラム】
学校図書館に、カフェあります
――田奈高校「ぴっかりカフェ」のこれまでと、「校内居場所カフェ」のこれから

松田ユリ子

1．自分を隠さないで居られる場所

神奈川県立田奈高等学校にぴっかりカフェができて、2020年12月で丸6年になります。週1回木曜日の昼休みと放課後に学校図書館にオープンするカフェは、すっかり田奈高校に定着しました。廊下のカフェ開催日を告知するブラックボードを見て、「あ、次は、○日だ！」「行く行く！」と話す生徒の声がよく廊下から聞こえてきますし、もっと直接的に「今度のカフェ、何が出るの？」とスペシャルメニューを聞きに来る生徒も少なくありません。本当に楽しみに待たれているのです。数年前から、告知のブラックボードは生徒が描いてくれるようになりました。そのために、図書館ではブラックボード用ポスカを色とりどり揃えています。生徒たちが自主的にはじめたことは、これだけではありません。カフェの片付けは、いつの間にか結成され代々受け継がれている生徒有志が手伝ってくれるようになりました。コップやお碗を洗ったり、ゴミを分別して捨てに行ったり、普段は強制されて嫌々やっているような作業を、率先してやってくれます。学年もジェンダーもバラバラなので「どういう関係？」と聞

図1　特に人気は手作りの味

くと、「ここで会った！」という答えが返って来たりします。ある生徒はカフェについて、「自分を隠さないで居られる場所」だと言います。生徒たちが、カフェを自分たちの居場所と感じていることがわかります。

ぴっかりカフェは、時間帯によって雰囲気が違います。昼休みの開始時は、どんな生徒もお腹を空かせているものです。無料で食べ物や飲み物がもらえるカフェに殺到するのも当然です。毎回100人から200人の生徒たちがやって来て、ボランティアさん手作りの味噌汁やスープ、地域の方やフードバンクなどから寄付されたお菓子を楽しみます（図1）。お腹が満ちると、生徒たちが落ち着くのが目に見えてわかります。昼休み開始から20分が経つ頃には、みんな思い思いに過ごしはじめ、カフェの雰囲気が一気に和やかになります。楽器を弾いたり、歌ったり、トランプをしたり、のんびりと本や漫画を読んだり、ピクニック

図2　それぞれ落ち着く場所でまったり

シートに寝転んだり。ボランティアさんにゲームの真剣勝負を挑んでいる生徒もいます。放課後も50人から100人ほどの生徒で賑わいますが、とりわけ大人との交流を求める生徒が目立ちます。一緒にボードゲームをしたり、愚痴を聞いてもらったり。カフェマスター（NPO法人パノラマ代表理事石井正宏さん）にバイトの面接の受かり方や、履歴書の書き方を教えてもらっている生徒もいます。カフェは昼休みも放課後も同じように運営されているのですが、生徒が自分の都合や気分によってうまく使い分けているのです（図2）。

通常カフェは16時に終了します。BGMが「別れのワルツ」に切り替わると、「え？もう終わり？」「やだー帰りたくないー」とあちこちで声が上がります。その後30分ほどが、片付けの時間です。少しでもボランティアさんたちとの時間を過ごしたい生徒たちが、一緒にコップを洗ったりしてくれているのかもしれません。片付けが終わっても、なかなか帰ろうとしない生徒たちです。彼らをなだめて帰らせて、ようやく大人の時間になります。キャリア支援担当教諭を交えて、若者支援者、ボランティア、学校司書で生徒の様子などを共有します。若者支援者や継続して参加してくださっているボランティアさんだからこそ気づくこともありますが、その日初めて参加したボランティアさんだけが、深刻な状況にある生徒の話を聞いていたということも珍しくありません。ケースによっては、担当教諭を通して担任や管理職にも伝え、生徒にとって最良の支援方法を迅速に検討することになります。この「ふりかえり」の時間が、ぴっかりカフェの肝なのです。というのも、カフェのそもそもの目的は、交流相談だからです。

2. 交流相談

「交流相談」は、特に目的がなくとも誰もが出入り自由な場所で、日常会話から徐々にニーズや相談をする信頼関係をつくることからはじめる支援手法です。一般に若者支援の相談は、特別の部屋で個別に行われる「個別相談」の手法で行われます。しかし、長く若者支援の現場で相談を行ってきた石井さんは、この方法に限界を感じていました。個別相談では、自ら問題を認識して相談に出向くパワーがある若者か、周囲の大人が相談を促した若者としか相談員が出会うことができないからです。若者、特に十代の若者は、見知らぬ大人に進んで自分の問題を相談しようとしない傾向があり、学校外の相談機関はもちろんのこと、学校内の相談室であっても、「相談」と掲げられた場所に自分から進んでは入りたがりません。さらに、自分の置かれた状況について相談するほどのことと認識していない場合がよくあるのです。そうした若者に相談員が出会い、まずは顔見知りになって、困ったときに「あの人のところへ相談しに行こう」と考えてもらえる関係づくりからはじめる交流相談が有効なことを、石井さんは田奈高校で実践的に証明してきました。(1)

田奈高校は、神奈川県に現在5校ある「クリエイティブスクール」の一つです。中学までに、持てる力を必ずしも発揮しきれなかった生徒を積極的に受け入れ、さまざまな教育活動を通して、主体的に学び、考え、行動する「社会実践力」を育む学校で、(2)入学試験に学力検査を用いないため、基礎学力に課題がある生徒が集まります。その背景には、世帯の経済的困窮、外国につながりのある生徒、発達障害や学習障害などさまざまな困難を抱えているケースが少なくありません。田奈高校は、クリエイティブスクールに指定される以前から生徒の困難な状況を踏まえた支援のあり方を探り続けてきた学校です。学校全体を生徒の居場所にし、生徒にとって有効な支援が可能になるためはどうしたらいいか教職員全員でアイディアを出し合い、管理職が中心となって県や外部機関、地域に働きかけることで、一つ一つ具体的なしくみをつくってきました。田奈高校のように、校内だけでなく校外の専門機関につなぐ支援相談体制が確立しており、既に発見されている生徒の課題への支援が大変手厚い学校でも、生徒からの訴えがなく表面化しないケースには対応が遅れがちになります。そこをカバーするのが、交流相談なのです。

3．交流相談の場所としての学校図書館

交流相談において、特に重要なのは場所の選定です。生徒が自然と集まってくる、出入り自由な場所か？　相談員が居ても、違和感なく溶け込める空間か？　この二つの条件を満たす場所が、学校図書館でした。学校司書が常駐し、明るく（だから「ぴっかり図書館」なんです）、親しみやすい雰囲気で居心地がよく、新しい本や雑誌も、まんがも

インターネット環境も揃っており、授業での活用も休み時間や放課後の利用も活発に行われています。ロケーションも、生徒昇降口と職員室の間にあり、人通りが絶えない絶好の場所にあります。ここに目をつけた石井さんのラブコールを受けて、ぴっかり図書館での週1回の交流相談がはじまったのが2011年6月で、内閣府モデル事業による資金が途絶えて事業が終了する2013年3月までの間に、石井さんは確実に生徒との「信頼貯金」を貯めていきました。その頃には石井さんは田奈高校にとってなくてはならない存在となっていたため、当時のキャリア支援担当教諭の発案で、校内居場所カフェとして事業再開するための資金集めを、クラウドファンディングで行い、再開に漕ぎ着けたのです。資金集めをはじめるに当たって石井さんがNPO法人パノラマを立ち上げたので、以来カフェの運営はパノラマが担っており、運営資金はパノラマへの助成金と寄付によって賄われています。[3] そういうわけで、ぴっかりカフェが学校図書館で行われているのは、それまで行ってきたぴっかり図書館における交流相談の再開であり、バージョンアップだからなのです。

ぴっかりカフェに触発されるように、「校内居場所カフェ」と銘打ったカフェが学校内につくられるケースが、全国的に少しずつ増えてきました。[4] 神奈川でも現在13か所まで増えています。学校が生徒の居場所になるようにするための方法の一つとして、むしろ教職員が求めているのだと思います。ただし、校内居場所カフェが学校図書館で行われているケースは稀です。多くは空き教室や会議室、廊下の一隅などで行われています。行きがかり上学校図書館ではじまったぴっかりカフェですが、続けているうちに、カフェと図書館の機能は決してかけ離れたものではなく、逆に相乗効果があることがわかってきました。

表1　ぴっかりカフェ事業統計

年度	述べ開催数	述べ来所者数	平均来所者数	述べボランティア数
2014	10	696	67	10
2015	39	5,220	134	131
2016	30	5,470	182	198
2017	33	5,693	172	261
2018	30	3,710	124	232
2019	33	3,325	100	250

＊ただし、2019年度はコロナ禍による一斉休校により3月は未実施。

まず第一に、メディアと情報の種類と量の激増による生徒の情報行動の変化です。元々学校図書館は、多種多様なメディアが揃っている場所です。書籍や雑誌などのアナログメディア、インターネットやデータベースなどのデジタルメディア、そして学校司書を含む教職員や生徒などの人メディアです。それぞれが多様な情報を載せて学校図書館に集まっています。そこにカフェがオープンすることによって、若者支援者やボランティアなど、普段は学校図書館に揃いにくい地域の大人が入れ替わり立ち替わりやって来るようになりました。年間のべで２５０人以上のボランティアに加え、視察や取材の大人も相対的に増えました（表1）。生徒たちは、こうした大人たちと会話を交わし、さまざまな情報を直接受け取ることができるようになりました。時にはボランティアによる著書が寄贈されて、それが図書館の蔵書に加わることもあります。見知った人が載っている表紙を目にしてふと本を手に取る、ボランティアに勧められた本をリクエストするなど、生徒の情報行動にもポジティブな影響が見られます。図書館以外の場所にカフェがあって、同じように地域の大人が入っていても、生徒の情報行動に関してこれ

図3　プロのヘアスタイリングにテンションも上がる

ほどの相乗効果は認められないと考えられます。

第二に、生徒が浴びる文化的シャワーの質と量が高まりました。なんと言っても、カフェによって、まず食べ物と音楽の実物がそこにあることが当たり前になりました。そのどちらも、異文化を感じさせるものです。口にしたことのない食べ物や初めて聞く音楽は、経験する人の視野を一気に広げる力があります。学校図書館法に基づいて、文化的な行事はどこの学校図書館でも行われていますが、教職員だけでは限界のあるイベントでも、多様な背景を持つ大人たちがそれぞれの得意分野を支えることで、実現しやすくなりました。七夕時期に浴衣の着付けをして、ヘアメイクまでしてもらえる浴衣パーティーや、夏のカレーパーティー、冬のクリスマスパーティーなどは毎年恒例になっています（図3）。

4．予防的支援と学校図書館

第三に、学校図書館が担うべき情報リテラシー教育に新たな視点が加わりました。それは、予防的支援という視点です。先にも示したように、ぴっかりカフェは、交流相談を通して困っている生徒を早期に発見することが第一の目的です。けれども、これから困りそうな生徒を困らせないようにすることも同時に重視しています。文化的シャワーをたくさん浴びせて視野を広げることも、地域のさまざまな大人たちとの出会いの場をつくることも、生徒が困難な状況に陥る前に解決のために、何らかのアクションを起こしやすくするための予防的支援の一つなのです。ですから、予防的支援の対象は、すべての生徒なのです。これは、学校図書館が取り組んでいる「情報リテラシー教育」の考え方に重なります。情報リテラシー教育で育むべき「情報リテラシー」は、「情報が必要である状況を認識し、情報を効果的に探索・評価・活用する能力」のことで、その目標は、児童・生徒が自立した市民になることだからです。[5] 情報リテラシー教育が、予防的支援の一つの方法であると言うことも可能でしょう。

カフェが学校図書館で開かれる必要があるとまでは申しません。しかし、学校が生徒の居場所になるためにカフェが大変有効な方法であることは明らかで、学校に「校内居場所カフェ」が開かれたなら、学校図書館として連携していくことは、上記3つの観点から必要な仕事だと考えています。

注

（1）鈴木晶子・松田ユリ子・石井正宏「高校生の潜在的ニーズを顕在化させる学校図書館での交流相談-普通科課題集中校における実践的フィールドワーク」『生涯学習基盤経営研究』vol. 38、2013年、1―17頁

（2）神奈川県立田奈高等学校公式HP

（https://www.pen-kanagawa.ed.jp/tana-h）（最終アクセス：２０２１年３月15日）

（３）ＮＰＯ法人パノラマＨＰ（https://npo-panorama.com）（最終アクセス：２０２１年３月15日）

（４）居場所カフェ立ち上げプロジェクト『学校に居場所カフェをつくろう！生きづらさを抱える高校生への寄り添い型支援』明石書店、２０１９年

（５）アメリカ図書館協会「情報リテラシー諮問委員会最終報告」、１９８９年

第3章　子どもの多様な発達を支える学校図書館

私たちは、何事も他人と比較しがちである。比較することで得られるものは何であろうか。自分の優れているところを実感しての優越感や自惚れであろうか。あるいは、自分の劣っているところを目の当たりにしての劣等感や相手への僻みであろうか。いずれにせよ、他人と比較したところで、精神的なストレスが増すだけで、得られるものはほとんどない。そもそも、自分とまったく同じ存在は、クローンでもない限り、自分のほかに一人としていない。すべての人は、それぞれに違った個性を有し、それぞれに得意不得意がある。つまり、自分と他人ははじめから異なる存在なのである。比較することの無意味さが理解できよう。

子どもを比較したがる大人は多い。学校の教職員にもいる。「あの子はこの子に比べて頭がいい」、「この子はほかの子よりも運動能力が優れている」など。そして、往々にして、子どもに「○○くんはできるに、何であなたはできないの?」などと言ってしまう。特に親ともなると、比較しないと気が済まないという人もいる。しかし、比較しなくとも、子どもをよく見て、理解していれば、子ども一人ひとりの得意なことや優れているところは把握できる。無駄な比較をして、子どもに精神的ストレスを与え、可能性をつぶすよりは、一人ひとりの子どもの個性に応じて自分の得意とすることを見つけ、褒めて伸ばしてあげたほうがどんなに教育的だろうか。

私たちは、一人ひとりが異なる存在であることを改めて自覚し、多様性を認め合いながら暮らしていける社会を形成したいものである。そのために学校が、そして学校図書館ができることは何だろうか。

第1節　子ども一人ひとりで異なる発達

（1）子どもの発達と発達段階

「発達」という用語・概念がある。保育や教育、心理の現場ではよく用いられる。「胎児が成熟した個体に成長するまでの形態や行動の変化のプロセスのこと」といった意味である。第2章の冒頭で紹介した「子どもの権利に関する条約」（児童の権利に関する条約）では、「児童の人格、才能並びに精神的及び身体的な能力をその可能な最大限度まで発達させること」（第29条1（a））を子どもの教育において指向すべきことの一つに挙げている。教育（学校教育のみならず、家庭教育、社会教育も）には、子どもの発達を促し、支えるという大切なはたらきがある。

また、発達のプロセスを見える化したものとして、「発達段階」がある。スムーズな発達のためには、発達段階ごとの「発達課題」の達成が必要と考えられている。よく知られている発達段階にハヴィガースト（Robert James Havighurst：1900—1991）のものがある。知能・認知の発達段階を提示したピアジェ（Jean Piaget：1896—1980）、人格・心理性的な発達段階を示したエリクソン（Erik Homburger Erikson：1902—1994）も有名である（図3—1）。日本の学校教育における教育課程の編成基準である「学習指導要領」には、総則に「生徒の人間としての調和のとれた育成を目指し、生徒の心身の発達の段階や特性及び学校や地域の実態を十分考慮して、適切な教育課程を編成する」（小学校においては生徒の部分は児童）との文言がある。「発達段階」は、教育課程を編成するに際して考慮すべき要素の一つとなっている。

年齢	ハヴィガースト（一般的な発達段階）	ピアジェ（知能・認知の発達段階）	フロイト（人格・心理性的な発達段階）
		感覚運動期	口唇期
～2歳	幼児期	前操作期	肛門期 男根期
～6歳	児童期	具体的操作期	潜伏期
～12歳	青年期	形式的操作期	性器期
～18歳	壮年期（成人初期）		
～30歳	中年期		
～55歳	老年期		

図3-1　発達段階の例

学校図書館と深く関わる読書にも、その能力と興

年齢	一般的な発達段階	読書能力の発達段階	読書興味の発達段階
2	幼児期	（前読書期）	子守り話期
4		読書入門期	
5		{ 読書レディネス期	童話期
6		読書開始期	
7	児童期	初歩読書期 { 独立読書開始期	寓話期
8		読書習慣形成期	
9		基礎読書力成熟期	童話期
10		展開読書期	
11		{ 読書独立期	物語期
12		読書分化期	
13	青年期	成熟読書期	伝記期
14		{ 読書統一期	
15			文学期
16		高級読書期	
17			思索期
18			
	壮年期（成人初期）		

図3-2　読書能力と興味の発達段階

味の発達段階が示されている（**図3―2**）。読書心理学の研究を牽引した阪本一郎（1904―1987）により提示されたものである。阪本は、読書能力の発達は、読書のレディネス（準備状態）が整い読書を開始するまでの時期である「読書入門期」（5歳〜6歳ごろ）、基礎的な読書能力が完成するまでの時期である「初歩読書期」（7歳ごろ〜9歳ごろ）、読書技能が成熟して多読や目的に応じた読書ができるようになる時期である「展開読書期」（10歳ごろ〜13歳ごろ）、そして、成人としての読書の水準に達する時期である「成熟読書期」（14歳ごろ～）という段階を経るとした。また、読書興味も、**図3―2**に示したような段階で発達するとした。しかし、阪本による読書能力と読書興味の発達段階は、提示されてからすでに70年近くが経過している。そのため、とりわけ読書興味の発達段階については、子どもを取り巻くメディア環境の変化などもあり、現状にそぐわないのではないかとの指摘も複数の研究者からなされており、新たな発達段階モデルも示されている。(1)

（2）発達は横並びではない

発達段階は、発達の標準的なプロセスを示したものである。したがって、10人の子どもがいたら、10人ともまったく同じスピードで発達するわけではない。ゆっくり発達する子どももいれば、少し速く発達する子どももいる。つまり、個々の発達の実態は多様なのである。

しかし、本章の冒頭で述べたように、大人は、どうしても比較しがちである。親であれば、なおさらである。そして、「何で○○ちゃんはできるようになったのに、うちの子はできないのだろう」などと心配になってしまう。発達には、環境的な要因が大きく影響するので、周囲の大人のプレッシャーが大きいと、かえって発達にマイナスの影響を与えることにもなりかねない。比較して一喜一憂するのではなく、焦らずに温かく見守ることが大切である。とはいえ、発達の状態がどうしても気がかりな場合には、勝手に判断せずに専門家（小児科医や発達相談センターなど）

に相談してほしい。

発達のスピードが著しくゆっくりであったり、視覚機能、聴覚機能、四肢の運動機能など身体の機能に著しい不自由さがある場合などに、医学的に「障害」があると診断されることがある。「障害」も発達の多様さの一つであり、決してそれが「劣っている」とか「欠陥」などを意味するものではない。にもかかわらず、「「障害」のある子ども＝かわいそうな子ども」という意識がいまなお根強い。この意識の背景には、「障害があると日常生活や社会生活に支障があるから」という現実の反映があるように思われる。だとするならば、「障害」のある子どもをかわいそうにさせているのは、その子どもの「障害」なのではなく、私たち自身がこの日常や社会にさまざまな支障をきたすようなバリアを放置し続けていることなのではないだろうか。いくら同情しても「かわいそう」という現状は変わらないが、バリアを除去する行動を起こせば、いくらでも現状を変えることはできる。

第2節　変化してきた「障害」の捉え方

（1）「障害」のある子どもと特別支援教育

文部科学省によると、2017年5月の時点で、小学校、中学校に学ぶ学齢期の子どもは

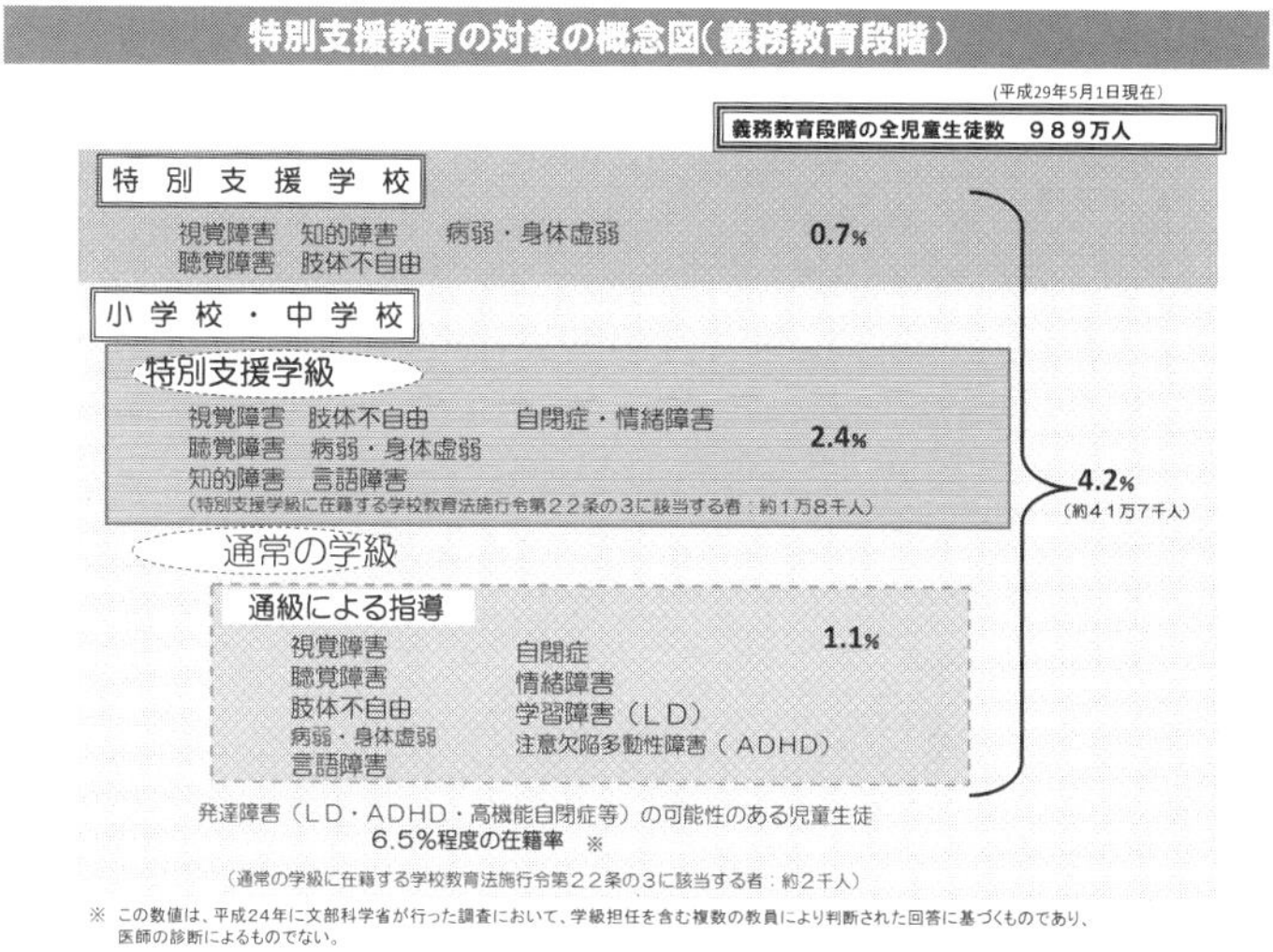

図3-3　特別支援教育の対象の概念図（義務教育段階）
（出典：文部科学省ウェブサイト）

989万人である。このうち、何らかの「障害」により、特別支援教育の対象となっている子どもは41・7万人である（図3―3）。この41・7万人の子どもが学んでいる学校としては、特別支援学校だけでなく、地域の小学校、中学校の特別支援学級や通級による指導（通級指導教室）がある。近年は、特別支援学級や通級による指導で学ぶ子どもの割合が増えつつある。2018年度からは、高等学校でも通級による指導が新たに導入された。

「学校教育法」では、特別支援学校を「視覚障害者、聴覚障害者、知的障害者、肢体不自由者又は病弱者（身体虚弱者を含む。以下同じ）に対して、幼稚園、小学校、中学校又は高等学校に準ずる教育を施すとともに、障害による学習上又は生活上の困難を克服し自立を図るために必要な知識技能を授けることを目的とする」（第72条）学校と規定している。また、特別支援学級については「小学校、中学校、義務教育学校、高等学校及び中等教育学校には、次の各号のいずれかに該当する児童及び生徒のために」（第81条第2項）設置することができるとし、該当する子どもとして「知的障害者、肢体不自由者、身体虚弱者、弱視者、難聴者、その他障害のある者で、特別支援学級において教育を行うことが適当なもの」を挙げている。さらに、通級による指導は、通常の学級で学ぶ「障害」のある子どもに対して、別室（通級指導教室）で週に数時間行う特別な指導のことであり、やはり、該当する子どもが決められている。

ところで、「障害」のある子ども全員が、特別支援教育を受けているわけではない。**図3―3**の下部を見てわかるように、通常の学級で学ぶ発達障害の可能性のある子どもは学齢期の子どもの6・5%程度いると推計されており、その大部分は通級による指導は受けていない。

このように、日本の特別支援教育は、その対象となる子どもの「障害」が法令であらかじめ決められ、列挙されている。該当しない「障害」の場合は、対象外ということになる。例えば、「学習障害」のある子どもが「特別支援学級」の教育を望んでも、法令上は対象とならないということである。また、そもそも、特別支援教育の必要性があったとしても、「障害」とされないために、その教育を受けられない子どもの存在も指摘されている。例えば、「境界知能」といわれる状態（ＩＱが70～84）の子どもである。ＩＱ70未満が知的障害とされているが、宮口幸治は、「彼らは知的障害者と同じくしんどさを感じていて、支援を必要としているかもしれません」と述べ、14％程度（クラスに5人程度）いることを指摘している。(2) しかし、現在の特別支援教育の枠組みからはこぼれ落ちてしまっている。

（2）改めて「障害」とは何か――「個人モデル」から「社会モデル」へ

日本の特別支援教育は、「障害」児教育ではないかと思われた人もいるだろう。確かに2006年度まではそうだった。それが、2007年度に特別支援教育に転換し、子ども一人ひとりの特別な教育的ニーズを把握し、ニーズに基づく適切な指導と支援を行うこととされた。これは、特別ニーズ教育（ＳＮＥ：Special Needs Education）という国際的な動向をふまえての転換であった。

しかしながら、特別支援教育の対象となる子どもの「障害」を法令で定めており、対象からこぼれ落ちてしまう子どもがいる点は、従来と変わらなかった。学校教育に限らず、福祉においても、同じようにその対象を法令で定めている。例えば、「身体障害者福祉法」「知的障害者福祉法」「精神保健及び精神障害者福祉に関する法律」などである。

これら法令に定める「障害」とは、医学的診断に基づく個人の状態を指している。こうした「障害」の捉え方を、「障害」の「個人モデル」（ないし「医学モデル」）という。社会一般で「障害」

や「障害者」というときも、目が見えない、耳が聞こえないなどの個人の状態を指していうことが多いのではないだろうか。これも、「個人モデル」による捉え方の一例といえるだろう。

確かに、「障害」の「個人モデル」の捉え方は、治療や訓練などの医学的アプローチを施す場合にはメリットがある。アプローチ（治療や訓練）のターゲットが明確化できるからである。一方で、デメリットも多々ある。例えば、「障害」は治すべきもの、克服すべきものという負のイメージが強くなりがちである。また、日常生活や社会生活のさまざまな支障は「障害」があるために生じているのであり仕方のないものだと個人の問題に矮小化されてしまうこともある。いくら治療をしても治らない状態はあるし、いくら努力しても個人の努力だけでは克服が困難な生活上の支障も多い。そもそも、「障害」は治療すべきものなのであろうか。その個人にだけに克服の努力を強いるべきものなのだろうか。やはり、「障害」を「個人モデル」だけで捉えることには限界がある。

こうした「障害」の「個人モデル」の捉え方に対して、近年、国際的に主流になりつつある捉え方が「障害」の「社会モデル」である。「障害」は、社会や環境との関係のなかで生じるものであり、それを除去するのは社会の側の責務とする捉え方である。つまり、日常生活や社会生活に支障をきたすさまざまなバリア（＝社会的障壁）こそが、「障害」を生み出しているということになる。この「社会モデル」の捉え方は、２００６年12月に国際連合総会で採択され、２０１４

年1月に日本政府も批准した「障害者の権利に関する条約」（障害者権利条約）にも採用されている。「障害者の権利に関する条約」では、「社会モデル」について、その前文のなかで、「(e)障害が発展する概念であることを認め、また、障害が、機能障害を有する者とこれらの者に対する態度及び環境による障壁との相互作用であって、これらの者が他の者との平等を基礎として社会に完全かつ効果的に参加することを妨げるものによって生ずることを認め」と述べている。

なお、「障害者の権利に関する条約」の背景にある理念の一つに、ノーマライゼーション(normalization)がある。ノーマライゼーションは、「障害がある人が社会で日々を過ごす一人の人間としての生活状態が、障害のない人々の生活状態と同じであることは、彼の権利であり、障害をもつ人を他の市民と対等平等に存在させる社会こそノーマルであり、そのような社会に変革していくことをめざ[(3)]」そうとするものである。1950年代にデンマークのバンク―ミケルセン(Bank―Mikkelsen, N.E.：1919―1990)らが提唱したものであり、「完全参加と平等」をスローガンに1981年に実施された国際連合の「国際障害者年」以降、日本を含む多くの国々で知られるようになり、また、各種の政策などにも取り入れられるようになっていった。

(3) 社会的障壁の除去に向けて

「障害者の権利に関する条約」の批准に向けての国内法整備の一環として、2013年6月に「障害を理由とする差別の解消の推進に関する法律」（障害者差別解消法）が制定された（施行は2016年4月）。この法律は、「障害を理由とする差別の解消を推進し、もって全ての国民が、障害の有無によって分け隔てられることなく、相互に人格と個性を尊重し合いながら共生する社会の実現に資すること」（第1条）を目的としている。

「障害を理由とする差別の解消の推進に関する法律」でも、「社会モデル」の捉え方が採用されており、「身体障害、知的障害、精神障害（発達障害を含む。）その他の心身の機能の障害（以下「障害」と総称する）がある者であって、障害及び社会的障壁により継続的に日常生活又は社会生活に相当な制約を受ける状態にあるもの」（第2条第1号）と「障害者」を定義している（傍線は筆者による）。また、日本政府が2015年2月に閣議決定した「障害を理由とする差別の解消の推進に関する基本方針」では、上記の法律の定義は「障害者が日常生活又は社会生活において受ける制限は、身体障害、知的障害、精神障害（発達障害を含む。）その他の心身の機能の障害（難病に起因する障害を含む。）のみに起因するものではなく、社会における様々な障壁と相対することによって生ずるものとのいわゆる「社会モデル」の考え方を踏まえている。したがって、法が対象とする障害者は、いわゆる障害者手帳の所持者に限られない」とし、「社会モデル」の捉え方を採用していること、そして、「障害者手帳」の所持者に限定しないことをしっかりと明示している（傍線は筆者による）。なお、社会的障壁については、「障害がある者にとって日常生活又は社会生活を営む上で障壁となるような社会における事物、制度、慣行、観念その他一切のものをいう」（第2条第2号）と定義している。社会的障壁、すなわちバリアは、事物や制度のみならず、慣行（慣わし）や観念（人のこころ）にも存在すること、そして、それらにとどまらず、バリアになりうる「その他一切のもの」を含めていることに留意したい。

「障害を理由とする差別の解消の推進に関する法律」では、国公立学校を含む行政機関等と私立学校を含む民間事業者の双方に対して、障害を理由とした不当な差別的取扱いを禁じている（第7条第1項及び第8条第1項）。また、障害者から社会的障壁の除去を必要としている旨の意思の表明があった場合、行政機関等では、その除去の実施についての必要かつ合理的な配慮が義務（第7条第2項）、民間の事業者では、努力義務（第8条第2項）とされた。合理的な配慮は、「障害者の権利に関する条約」に示された概念であり、「障害者が他の者との平等を基礎として全ての人権及び基本的自由を享有し、又は行使することを確保するための必要かつ適当な変更及び調整であって、特定の場合において必要とされるものであり、かつ、均衡を失した又は過度の負担を課さないものをいう」（同条約第2条）と定義されている。つまり、障害者からの意思の表明に基づき、行政機関等や事業者の負担が過重でない範囲において、生活上の妨げとなる社会的障壁を除去するために状況や場面に応じて行われる変更や調整のことといえるだろう。政府の「障害を理由とする差別の解消を推進に関する基本方針」では、次のような合理的な配慮の例を示している。「車椅子利用者のために段差に携帯スロープを渡す、高い所に陳列された商品を取って渡すなどの物理的環境への配慮」「筆談、読み上げ、手話などによるコミュニケーション、分かりやすい表現を使って説明をするなどの意思疎通の配慮」「障害の特性に応じた休憩時間の調整などのルール・慣行の柔軟な変更」。

ところで、障害者が求める必要かつ合理的な配慮のすべてがすぐに、そして的確に提供できるとは限らない。負担が過重になることもあるだろう。そこで、「障害を理由とする差別の解消の推進に関する法律」では、行政機関等と民間の事業者の双方に、基礎的環境整備（事前的改善措置ともいう）を努力義務としている。具体的には、「社会的障壁の除去の実施についての必要かつ合理的な配慮を的確に行うため、自ら設置する施設の構造の改善及び設備の整備、関係職員に対する研修その他の必要な環境の整備に努めなければならない」（第５条）としている。過重な負担は、計画的かつ継続的な基礎的環境整備や、各種技術の進展、社会情勢の変化によって軽減ないし解消できるものも少なくない。障害者から合理的な配慮を求める意思の表明がなされた場合、その時点では対応することが難しかったとしても、近いうちに合理的な配慮が的確に提供できるように、計画的かつ継続的な基礎的環境整備に取り組むことが欠かせない。

このように、今日の日本では、社会的障壁の除去についての必要かつ合理的な配慮、そしてその的確な提供のための基礎的環境整備が求められている。しかし、合理的な配慮については行政機関等には義務づける一方で、民間事業者については努力義務にとどまっている。また、合理的な配慮の的確な提供に向けての土台づくりともいえる基礎的環境整備についても努力義務にとどまるなど、「障害を理由とする差別の解消の推進に関する法律」にはその実効性において弱さを有している。この法律の附則には、施行後3年を経過した場合、合理的な配慮のあり方や法律の施行状況について検討し、必要に応じて見直しを行うとする規定がある。今後の検討が待たれる。

第3節　インクルーシブ教育の時代を迎えて

(1)　指向されるインクルーシブ教育

「障害者の権利に関する条約」では、教育について、「障害者を包容するあらゆる段階の教育制度及び生涯学習を確保する」(第24条1)としている。「包容」はインクルージョン(inclusion)の和訳である。つまり、このことは、教育におけるインクルージョン、すなわち、インクルーシブ教育のことを指しており、その確保を求めるものである。なお、「障害者の権利に関する条約」では、インクルーシブ教育を学校教育のみならず、「あらゆる段階の教育制度及び生涯学習」としていることにも留意したい。

改めてインクルーシブ教育の意味を確認すると、「障害」のある人、「障害」のない人と二分立で考えることを必ずしも前提とせず、すべての人を「包容」し、各々が教育的ニーズに応じた配慮を保障されながら、ともに学ぶ教育のあり方や仕組みのことである。しばしばインテグレーション（integration：統合教育）という言葉と混同されることがあるが、「障害」のある人、「障害」のない人という二分立を前提として、「障害」のない人の学びの場（メインストリーム）に「障害」のある人を統合して教育しようとするものがインテグレーションであり、インクルーシブ教育とは異なるものである。

日本でも、現在、インクルーシブ教育の推進施策が展開されている。「障害を理由とする差別の解消の推進に関する法律」が制定されたのと同じ2013年6月には「障害者基本法」も改正され、教育については「可能な限り障害者である児童及び生徒が障害者でない児童及び生徒と共に教育を受けられるよう配慮しつつ、教育の内容及び充実を図る等必要な施策を講じなければならない」（第16条）と規定している。また、それに先立つ2012年7月に、中央教育審議会の初等中等教育分科会が「共生社会の形成に向けたインクルーシ教育システム構築のための特別支援教育の推進（報告）」を公表し、そこでは「インクルーシブ教育システムにおいては、同じ場で共に学ぶことを追求するとともに、個別の教育的ニーズのある幼児児童生徒に対して、自立と社会参加を見据えて、その時点で教育的ニーズを最も的確に応える指導を提供できる、多様で柔軟な仕組みを整備することが重要である」(4)などと述べ、現在の特別支援学校や特別支援学級も個々の特別な教育的ニーズを充たすためには、引き続き必要であることを明示している。

学校現場でも、近年、インクルーシブ教育の推進に向けて、授業のユニバーサルデザイン化などの意欲的な実践が蓄積されつつある。ユニバーサルデザイン（universal design）は、もともと、アメリカのロナルド・メイス（Ronald Mace：1941―1998）が1980年代に提唱した概念で、「障害者の権利に関する条約」にも採用されている。条約では、「調整又は特別な設計を必要とすることなく、最大限可能な範囲で全ての人が使用することのできる製品、計画及びサービスの設計をいう」（第2条）と定義している。授業のユニバーサルデザイン化は、まさに、そのクラスにいるすべての子どもが「『わかる・できる』ことを目指して、授業づくりを進めること」[5]である。授業のユニバーサルデザイン化を進めることで、本章第2節（1）で述べたような、特別支援教育を受けていないものの特別な教育的ニーズのある「発達障害」の可能性のある子どもや、そもそも特別支援教育の枠組みからこぼれ落ちている「境界知能」の子どもなどへの適切な教育が可能となる。

もちろん、インクルーシブ教育、そして、その方法論としての授業のユニバーサルデザイン化を進めるには、前提として、学校内において、的確な合理的な配慮の提供がなされ、そのための基礎的環境整備がしっかりと進められていることが必須である。基礎的環境の最たるものは教職員の体制であるが、現状の40人学級を原則とする学級編成基準や一学級を一人で担当する体制のままではインクルーシブ教育を実質化していくことは困難である。学校や個々の教職員の努力だけに頼っていては、負担が増すばかりで、インクルーシブ教育の実質化は果たせない。ましてや、教職員の「働き方改革」が叫ばれている昨今である。より一層の国による施策が求められる。

（2）学校図書館は何をすべきか

インクルーシブ教育が推進されるなかで、すべての学校図書館もまた、子どもの特別な教育的ニーズに応えられているか、確認と対応が求められている。もともと、学校図書館はすべての子どもと教職員に開かれた場であった。しかし、特別な教育的ニーズのある子どもの学校図書館利用に障壁（バリア）はないといえるだろうか。その障壁の除去についての必要かつ合理的な配慮は提供できているだろうか。合理的な配慮を的確に提供するための基礎的環境整備は進められているだろうか。

２０１８年11月に公表された全国学校図書館協議会の「２０１８年度学校図書館調査」では、全国の小学校、中学校、高等学校における「障害を理由とする差別の解消の推進に関する法律」への対応状況を調べている[6]（表3―1）。それによると、いずれの学校種においても「何もしていない」が最多となり、４割を超えている。文部科学省が２０１６年11月に定めた「学校図書館ガイドライン」では、「児童生徒一人一人の教育的ニーズに応じた様々な形態の図書館資料を充実

表3-1　「障害を理由とする差別の解消の推進に関する法律」への対応状況

	1位	2位	3位	4位
小学校	何もしていない（44.3%）	スロープの設置（26.2%）	研修会の開催（13.3%）	大活字・点字図書の購入（11.8%）
中学校	何もしていない（46.1%）	スロープの設置（18.4%）	大活字・点字図書の購入（12.5%）	研修会の開催（7.2%）
高等学校	何もしていない（47.0%）	スロープの設置（18.0%）	リーディングトラッカーの用意（10.0%）	館内サイン改善（8.0%）

することが望ましい」として、「点字図書、音声図書、拡大文字図書、ＬＬブック、マルチメディアデイジー図書、外国語による図書、読書補助具、拡大読書器、電子図書等の整備も有効である」としているが、「大活字・点字図書の購入」は小学校、中学校で１割程度、高等学校では１割にも満たない現状であった。

　特別支援学校においても、「障害を理由とする差別の解消の推進に関する法律」への対応状況は厳しい。同じく全国学校図書館協議会が２０１９年に全国の特別支援学校を対象に実施した「特別支援学校図書館の現状に関する調査」[7]では、「障害を理由とする差別の解消の推進に関する法律」の施行を受けて学校図書館として新たに実施したことをたずねている。その結果は、「法の施行を受けて新たに実施したことは特にない」が78・8%で最多となった。逆にいえば、新たに何らかの取り組みを実施したところは２割程度に過ぎないということである。取り組みとしては、「バリアフリー資料の購入」が5・9％、「館内サインの改善」が4・9％などだった。「法の施行を受けて新たに実施したことは特にない」が8割近いということは、すでに法律施行以前から取り組みを実施していたのかといえば、そうではない。「すべて法施行以前から取り組んでいる」との回答はわずか3・1％に過ぎなかった。この調査からは、このほかにも、特別支援学校の学校図書館の現状を詳細に調べている。いくつかの結果を紹介すると、学校図書館の設置率は、100％でなければならないにも関わらず、91・0％であった。また、司書教諭の配置率は58・3％（参考：小学校58・6％）であったが、学校司書の配置率は20・0％（参考：小学校79・9％）にとどまっている。年間予算は1校平均19・4万円（参考：小学校52・6万円）であり、蔵書冊数は1校平均4928冊（参考：小学校1万335冊）であった。

以上のように、小学校、中学校、高等学校のみならず、特別支援学校においても、学校図書館の現状は厳しいものがある。こうした現状の改善に資する可能性のある法律が2019年6月に制定された「視覚障害者等の読書環境の整備の推進に関する法律」（読書バリアフリー法）である。この法律は、「視覚障害者等の読書環境の整備を総合的かつ計画的に推進し、もって障害の有無にかかわらず全ての国民が等しく読書を通じて文字・活字文化の恵沢を享受することができる社会の実現に寄与すること」（第1条）を目的とするもので、基本理念、国と地方公共団体の責務、基本的施策などを定めている。基本的施策は9つ挙げられ、その一つには「視覚障害者等による図書館の利用に係る体制の整備等」が盛り込まれている。ここでいう図書館には、学校図書館も含まれている。この法律では、政府に「視覚障害者等の読書環境の整備の推進に関する施策を実施するため必要な財政上の措置その他の措置を講じなければならない」（第6条）と規定しており、実効性のある施策の展開が期待される。

もちろん、施策を待つだけでなく、それぞれの学校図書館としても、できる範囲でできることを進めることが大切である。学校図書館で求められる可能性のある合理的な配慮と、その的確な提供のための基礎的環境整備の例を示しておこう。

合理的な配慮としては、特別な教育的ニーズのある子どもやその保護者からの求めに応じ、①取りづらいところに配架されている資料（メディア）を取って渡す、②貸出し冊数の拡大や期間の延長を行う、③対面朗読（代読ともいう）を行う、④手話を取り入れた読み聞かせやストーリーテリングを行う、⑤ニーズに応じた文字の拡大、リライト（やさしく書きなおすこと）、デジタル化などを行う、などが挙げられる。このうち、⑤については、「著作権法」第37条第3項の規定に基づき行うことができる。同規定では、「視覚障害その他の障害により視覚による表現の認識が困難な者」のためであれば、学校図書館は著作権者に許諾を得ることなく、該当する人の希望する図書などの資料（メディア）の文字の拡大、リライト、デジタル化などを行うことができるとしている。日本図書館協会、全国学校図書館協議会などの関係団体によって「図書館の障害者サービスにおける著作権法第37条第３項に基づく著作物の複製等に関するガイドライン」（２０１９年11月一部改定）[8]もつくられているので、参考にされたい。

基礎的環境整備としては、①施設・設備・掲示サインなどの改善を行う、②読書補助具や機器の整備を行う、③アクセシブルな資料（メディア）の整備を行う、などが挙げられよう。②については、リーディングトラッカー（スリット）、拡大鏡、拡大読書器、音声読書器、ページめくり機などがある。また、③については、点字資料、音声資料、拡大文字資料、ＬＬブック、マルチメディアＤＡＩＳＹ、布の絵本などがある。

合理的な配慮も、基礎的環境整備も、学校図書館単独で行うのではなく、特別支援教育コーディネーター、養護教諭、スクールカウンセラーなど、校内の特別支援教育、インクルーシブ教育に関わる関係教職員と緊密に連絡をとって協力しながら行うとよい。また、必要に応じて、音訳ボランティアなど地域の専門的なスキルを持つ人に協力を求めることも効果的だろう（第７章参照）。学校図書館は、運営にあたる教職員の体制も、予算の規模も、限られている。そのなかで基礎的環境整備を計画的・継続的に進めていくためには、館長でもある校長のリーダーシップのもと、「学校図書館経営計画」などにきちんと盛り込むことが重要である。アクセシブルな資料（メディア）など、入手困難なものについては、地域の公共図書館や学校図書館支援センターに相談し、必要に応じて借りて提供することも検討したい。

なお、このほか、学校図書館における合理的な配慮の提供と、基礎的環境整備の推進にあたっては、日本図書館協会の作成した「学校図書館における特別なサービスと資料の提供に関する基本方針――図書館利用に困難のある児童生徒のために」（2020年6月作成）[9]、「図書館における障害を理由とする差別の解消の推進に関するガイドライン」（2016年3月作成）[10]、「JLA障害者差別解消法ガイドラインを活用した図書館サービスのチェックリスト」（2016年11月作成）[11]が参考になる。

第4節　多様性を認め合える学校、そして社会へ

インクルーシブ教育が推進されていることを述べてきたが、インクルージョンは何も教育においてのみ指向されているわけではない。ノーマライゼーション、換言すれば、共生社会を実現するためには、社会そのもののインクルージョンが必要である。

また、インクルージョンの和訳は「包容」であると述べたが、学校においても、そして社会においても、いろいろな人が真に「包容」されるためには、そこにいるすべての人が互いに個々の違い、すなわち多様性を認め合うことが欠かせない。この多様性を認め合うことをダイバーシティ（diversity）と呼んでいる。そうでなければ、いじめや差別を受けて、排除される人が出か

ねない。したがって、欧米諸国では、インクルージョンとダイバーシティはセットで捉えられ、「ダイバーシティ アンド インクルージョン」と呼ばれることも多い。「ダイバーシティ アンド インクルージョン」は、「障害者」といわれる人はもちろん、外国にルーツのある人や、いまだに職場などで差別的な扱いを受けることのある女性などすべての人が、一人ひとりの特性、性別、国籍、人種、宗教、嗜好などの違いを認め合いながら「包容」され、ともに生きていくことを意味する。

「ダイバーシティ アンド インクルージョン」の実現に向けて、学校では「障害理解教育」「異文化理解教育」「人権教育」などに積極的に取り組んでいくことが重要である。また、学校図書館としても、「障害者週間」（毎年12月3日～9日）にあわせて「障害理解」をテーマとした企画展示や催しを行うなど、意識して「ダイバーシティ アンド インクルージョン」に寄与していくことが求められるし、多様な資料（メディア）を所蔵する学校図書館であればこそそれが可能である。ぜひ積極的に取り組んでいきたい。

注・引用文献

（1） 例えば、樋口洋子「成長期における児童の読書興味の変化とモデル化」『図書館学会年報』37巻4号、

1991年、166―178頁や、野口武悟「読書興味の発達段階モデルについての再検討」『発達研究』26巻、2012年、103―120頁など。

（2）宮口幸治『ケーキの切れない非行少年たち』新潮新書、2019年、98―100頁

（3）事典刊行委員会編『社会保障・社会福祉大事典』旬報社、2004年、433頁

（4）中央教育審議会初等中等教育分科会「共生社会の形成に向けたインクルーシブ教育システム構築のための特別支援教育の推進（報告）」、2012年（https://www.mext.go.jp/b_menu/shingi/chukyo/chukyo3/044/attach/1321669.htm）（最終アクセス：2020年4月15日）

（5）神奈川県立総合教育センター『教育のユニバーサルデザイン――小中一貫教育（小中連携）の視点から――』、2018年、7頁

（6）全国SLA研究調査部「2018年度学校図書館調査報告」『学校図書館』817号、2018年、69―71頁

（7）全国学校図書館協議会「「特別支援学校図書館の現状に関する調査」報告」『学校図書館』836号、2020年、14―48頁

（8）日本図書館協会ほか「図書館の障害者サービスにおける著作権法第37条第3項に基づく著作物の複製等に関するガイドライン」（http://www.jla.or.jp/Portals/0/html/guideline2019101.htm）（最終アクセス：2020年4月15日）

（9）日本図書館協会学校図書館部会「学校図書館における特別なサービスと資料の提供に関する基本方針――図書館利用に困難のある児童生徒のために」、2020年

（10）日本図書館協会「図書館における障害を理由とする差別の解消の推進に関するガイドライン」、2016年（http://www.jla.or.jp/Portals/0/html/lsh/sabekai_guideline.html）（最終アクセス：2020年4月15日）

（11）日本図書館協会障害者サービス委員会「JLA障害者差別解消法ガイドラインを活用した図書館サービスのチェックリスト」、2016年（http://www.jla.or.jp/Portals/0/html/lsh/checklist.html）（最終アクセス：2020年4月15日）

参考文献

野口武悟編著『一人ひとりの読書を支える学校図書館――特別支援教育から見えてくるニーズとサポート』読書工房、2010年
野口武悟・成松一郎編著『多様性と出会う学校図書館――一人ひとりの自立を支える合理的配慮へのアプローチ』読書工房、2015年
野口武悟・鎌田和宏編著『学校司書のための学校教育概論』樹村房、2019年
野口武悟・児島陽子・入川加代子『多様なニーズによりそう学校図書館――特別支援学校の合理的配慮を例に』少年写真新聞社、2019年
宮武正明『子どもの貧困――貧困の連鎖と学習支援』みらい、2014年

【コラム】

東京都立墨東特別支援学校の取組と、今後の課題

生井恭子

1．特別支援学校とは

みなさんのお住いの地域にも、「○○特別支援学校」「□□養護学校」と書かれた大きなバスが子どもたちを乗せて走っているのを見たことがありませんか？　子どもたちが向かう先は、特別支援学校です。

特別支援学校は「学校」と付いているので、学校教育法が定める学校の種類の1つです。特別支援学校も文部科学省が制定した学習指導要領の内容に沿って、各学校が教育課程をつくり、年間指導計画のもと、学習を進めています。現在でも、特別支援学校のことを「施設」と思っている方も多くいます。

「特別支援学校」と言っても、障害の特性に応じて種別に分かれ、障害の特性に応じた教育を行っています。そのため、学校図書館、読書活動へのニーズは障害に応じてさまざまです。

東京都の都立特別支援学校は障害種別に以下のように分かれて設置されています。

視覚障害特別支援学校（盲学校）
聴覚障害特別支援学校（ろう学校）

肢体不自由特別支援学校
知的障害特別支援学校
病弱特別支援学校

その他、都内には区立の特別支援学校5校、国立3校、私立4校があります。また、小学校・中学校には特別支援学級が設置されています。

2. 東京都立墨東特別支援学校について

本校は、東京オリンピック・パラリンピックの会場に近く、スカイスリーもよく見える地域にあります。創立30年を過ぎた肢体不自由教育部門(東京都東部療育センター内の分教室を含む)と、病弱教育部門(国立がん研究センター中央病院の分教室を含む)の2部門構成となった特別支援学校です。学区域は広く5区(江東区、墨田区、台東区、千代田区、中央区)です。

肢体不自由教育部門の子どもたちは、スクールバスや自家用車、公共交通機関を使って、本校に登校してきます。また、自宅に教員が訪問して授業を受ける訪問生も在籍しています。

病弱教育部門の子どもたちは、病気やけがの治療を受けながら元の学校に戻ったとき、学習の遅れがないように学習を進めていきます。体調がすぐれない日もあると思いますが、退院し、元気になることを思い描きながら頑張っています。

本コラムでは、肢体不自由教育部門の学校図書館・読書活動についてご紹介します。

3. 肢体不自由校の子どもたち

「肢体不自由児・者」と聞くとどんな子ども、人を思い浮かべますか？「手足が不自由」「車椅子に乗っている」「パラリンピックに出ている人」……などでしょうか？

本校に在籍する、子どもたちの約85%は車椅子を移動手段として使っています。自分で移動できる子どもたちから、教職員に押してもらって移動する子どもたちとさまざまです。自力歩行ができる子どもたちも、歩行維持ができるように、日々訓練をしながら過ごしています。四肢の障害だけではなく、知的障害、視覚障害、聴覚障害などを重複する子どもは約90％です。加えて、日常的に医療的なケア（胃ろう部・鼻腔内からの栄養・水分注入、口腔、鼻腔内吸引、気管切開や呼吸器管理など）が必要な子どもも登校しており、教職員・保護者・養護教諭や看護師と意思疎通を図りながら学校生活を送っています。

学習面では3つの教育課程があり、子どもたちの発達・学習課題に合ったグループ分けをして指導しています。

○自立活動を主とする教育課程

見ること、聞くことに課題があることが多く、環境の変化の受け入れ、快・不快や好き・苦手などを表情や発声などで外部に発信することをねらいとすることが根底にあります。体力的にも個々に異なるため健康観察をしながら授業を進めています。本校では、最も多くの子どもたちが学んでいる教育課程です。

○知的障害を併せ有する教育課程（知的障害特別支援学校と同じ教育課程）

発達・学習到達度の幅が広く、実生活のなかに課題を見つけ、実体験を通して学習を積み重ねていくことを中心としています。他者とのコミュニケーション（言葉、身振り、手ぶりのジェスチャーなど）を使って学んでいる教育課程です。

○小・中・高等学校に準ずる教育課程（検定教科書を使って学習する）

車椅子などを使用し、何らかの支援を必要としながらも、一般の小学校・中学校・高等学校と同じように検定教科書を使って、学習を積み重ねることができる子どもたちが在籍しています。自分自身の障害や特性を理解し、生活の自立を目指すことを大きな目標としています。卒業後は大学や専門学校へ進学する子どももいます。

教員はそれぞれの教育課程において、子どもたちの実態に合わせたねらいを設定し、教材を用意し、個々の子どもたちの特性を伸ばすために日々指導を積み重ねています。このように、発達年齢の幅が広い本校の読書活動は、主に3つの取組を行っています。

4．本校の取組

① 図書館・図書コーナーの設定・整備

スローガンは「本が近くにある環境を！」

筆者が赴任した年は、図書館は校舎の3階にありました（図1）。しかも、図書館の半分は高等部（高校生）の教室と共有であったため、図書館

図1　3階の図書館

図2　現在の図書館

を利用したくても授業中だったり、給食中だったりと気軽に入ることが難しい雰囲気でした。小学部の子どもたちが「入ってもいいですか？」と一言断ってから利用していたことを引継ぎで聞いていました。これは障害の特性に合った図書館づくり以前の問題です。どんなに魅力的な本があっても、利用者には「入りにくい」の印象しか残りません。まずは、どんな時でも、誰もが本に手が届く環境をつくることからスタートしました。また、この学校だからできる図書館づくりをすることが一番と考え、本校にしかできない、図書館を目指しました。翌年、3階の図書館から1階（ひと教室すべてが図書館）へ移動しました。整備期間はたった3カ月でした（図2）。

②　1・2階図書コーナーづくり

教室として使っている高等部に「ここは、図書館です」と言うことはできません。そこで、赴任

図3　図書コーナー2階

して数か月後に、1階廊下に図書コーナーをつくりました。本校は、廊下の一部に小集団が集まることができる広場があります。この場所を「図書コーナー」として本を並べ、季節にあった装飾をしました。1階は絵本や紙芝居、2階はY・A（ヤングアダルト）本や進路に関する本、マンガも配置しています（図3）。各階とも立ち寄りたくなるような、ベンチや椅子も置きました。借りるだけではなく、歩行練習中に立ち寄って、本を開いて一休みしたり、気持ちを落ち着かせたりするクールダウンの場所にもなっています。付き添いをお願いしている保護者が熱心にページを開く姿もありました。とにかく、子どもたちによって魅力的な場所になるようなコーナーづくりをしました。現在このコーナーは本校にとってなくてはならない場所になっています。

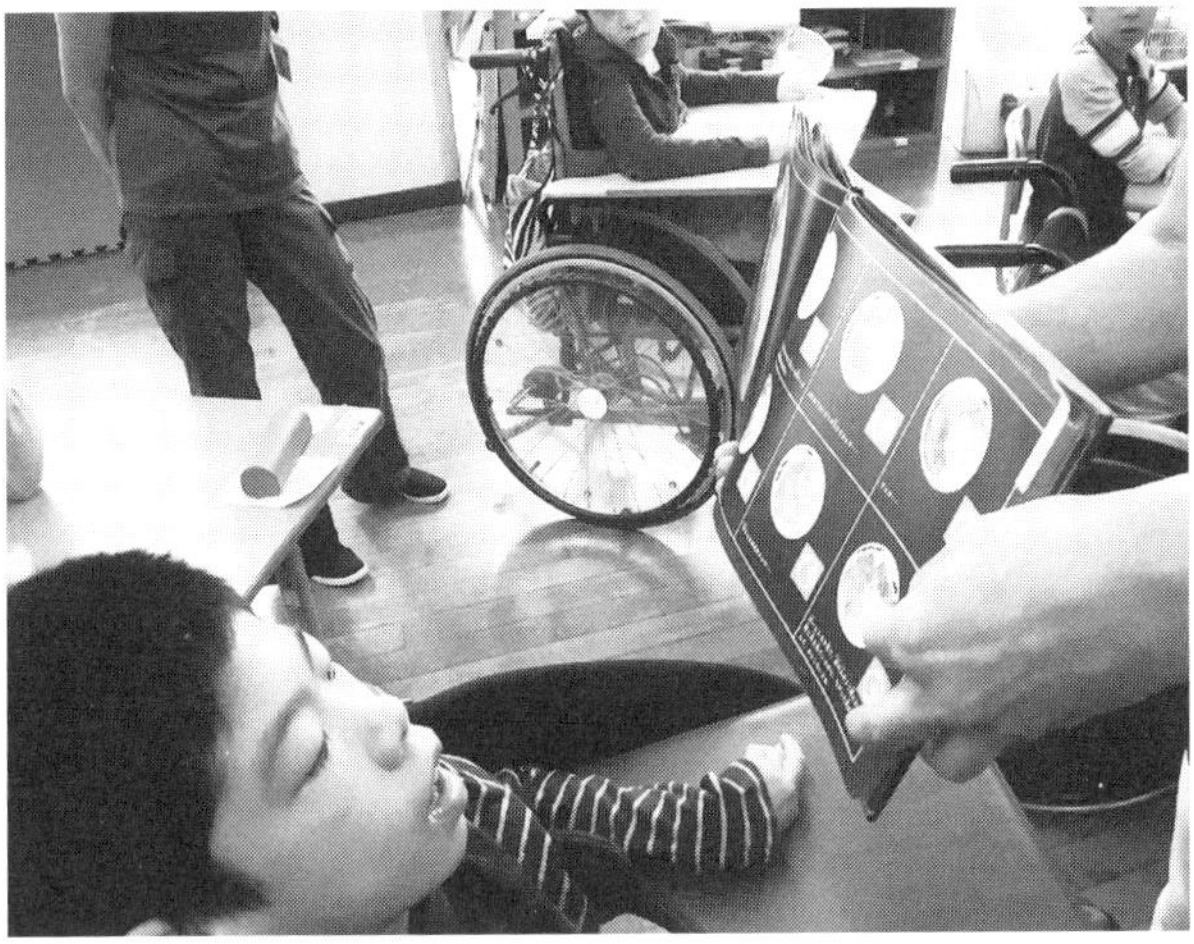

図4　知的障害を併せ有する教育課程（小学部）でのお話し会

③ 外部のお話しボランティア「うさぎ」の活動

子どもたちが提示したものに気が付き、「なんだろう？」と、それを興味深く見つめる目や、言葉やお話しを聴く耳、「楽しいね」「困った」などの思いを表情や声で伝えるコミュニケーション力を育てる一環として、お話し会を毎月3回程度行っています（図4）。本校は「お話し会　ボランティアうさぎ（以下「うさぎ」）」が活動しています。

「語りかけの経験は、子どもたちの表情だけではなく、言葉に敏感になっていることが伝わります」。このことは、9年間お話し会を継続してきたことで、ボランティアの「うさぎ」のみなさんから聞いたことです。

毎回、お話し会のはじまりの歌「うさぎさんが出てきたよ　ぴょん！」とうさぎのパペットの登場と共に歌い出すと笑顔になる子どもたちが年々増えています。「うさぎ」の来校日が出されると、

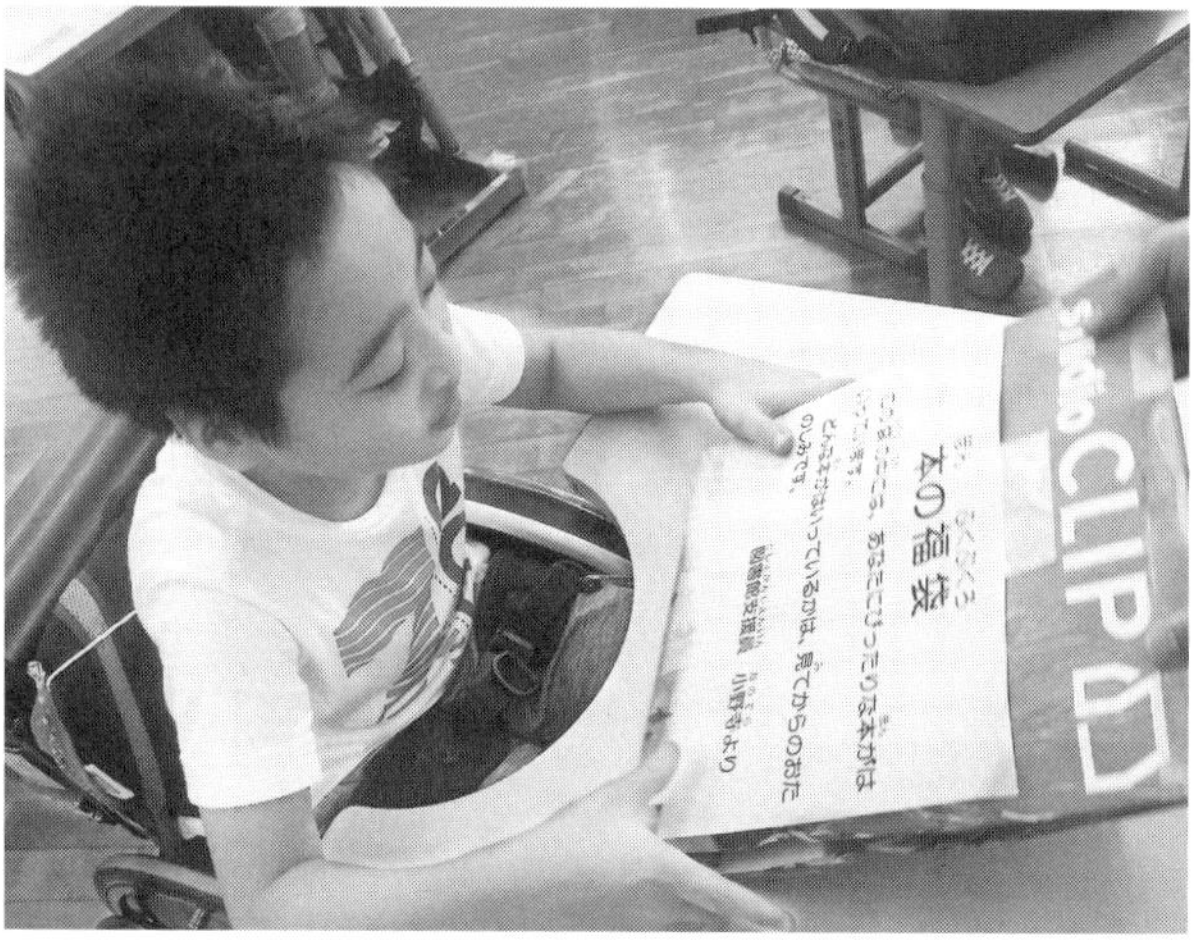

図5　長期休業中に持ち帰る本の福袋

毎回大盛況です。

２０２０年度前半は、新型コロナウイルスの予防のため休業日や分散登校の日が続きました。本の楽しさ、語りかけの心地よさを学んだ本校の子どもたちにとっては、お話しのシャワーが途切れてしまいそうな事態になりましたが、YouTubeでのお話し会ができることを思い付き、ライブ感のあるうさぎお話し会になるように動画お話し会を配信しました。「うさぎさんが出てきたよ　ぴょん！」からスタートし、自宅でお話し会を楽しんだことを聞いています。

④　子どもたち・先生方のレファレンスに応じる図書館支援員の導入

東京都の特別支援学校は、学校司書や司書に代わる方の配置がされていません。そのため館長である校長が提示する学校経営計画によって、学校図書館の位置は大きく変わっていきます。

学校図書館の存在を大事にしている本校は、司書的な役割を果たす「人」が必要だと感じ、２０１６年10月より本校独自で学校図書館支援員を導入しています。導入当初は、いままでの研究・活動の成果をまとめて得た研究助成金を報償費に使いました。

学校図書館支援員は整備、教員からの資料の相談、本校の実態応じた本の選定の相談にも応じています。翌年より本校予算が付き、月に２、３回（1回につき4時間）入っています。月に数回ですが、本校にとっては本当に大きな存在です。

図書館業務以外にも教室で、子どもたちへの本紹介や長期休業中に持ち帰る本の福袋などをつくっていただきました（図5）。

放課後、図書館支援員の姿を見つけると、本や資料の相談をしたくて図書館へ足を運ぶ教員も少しずつですが増えています。生きた資料を授業で使うことは、授業を盛り上げることにつながっていると、感じています。

以上が、墨東特別支援学校での取組です。学校によって、ニーズが異なります。必要に応じた図書館づくり、読書環境づくりをしてください。

第4章　社会の情報化と学校図書館

電車に乗ると、いまや、ほとんどの人がスマートフォン（スマホ）を眺めている。いまから20年前だったら、新聞や雑誌、文庫本を読んでいる人が多かったが、あっという間に状況は変わった。スマホでインターネットにアクセスして、ニュースや電子書籍を読み、音楽を聴き、SNS（Social Networking Service）でコミュニケーションをし、オンラインゲームをする。スマホ1台で、もはやできないことはないのではないかと錯覚するほどに、便利な世の中となった。

その一方で、インターネット上のSNSなどには、匿名で他人を誹謗中傷する投稿があふれていたり、卑猥な映像などが公開されていたり、さらには個人情報を騙し取ろうとする悪意あるサイトに誘導するような書き込みが紛れていたりする。ほかにも、コンピュータウイルスへの感染、個人情報の漏えいなどの危険に日々さらされている。

これらの危険は、まるで落とし穴のように、突然私たちの前に現れ、時に牙を剥く。油断せずに、危険性とそれへの対策を常に意識しながら、便利さを享受することが肝要である。高度情報通信社会といわれる現代社会にあっては、老若男女を問わず、こうした生き方が求められている。

第1節　高度情報通信社会のなかの学校教育

(1) 高度情報通信社会からSociety 5.0へ

現代社会は、高度情報通信社会といわれるとすでに述べた。こう呼ばれ始めたのは1990年代も後半のことである。私たちにとってもはや当たり前と思われているインターネット(internet)が急速に普及するのが1990年代半ばであり、高度情報通信社会の基盤となっているのはインターネットといってよいだろう。インターネットとは、複数のコンピュータネットワークに相互接続可能な世界規模の情報通信網のことである。

日本政府が1998年に定めた「高度情報通信社会推進に向けた基本方針」のなかでは、高度情報通信社会を「人間の知的生産活動の所産である情報・知識の自由な創造、流通、共有化を実現し、生活・文化、産業・経済、自然・環境を全体として調和し得る新たな社会経済システムである」と定義している。その上で、「このシステムは、制度疲労を起こした従来の大量生産・大量消費を基礎とするシステムにとって代わり、「デジタル革命」とも言える変革の潮流を生み、

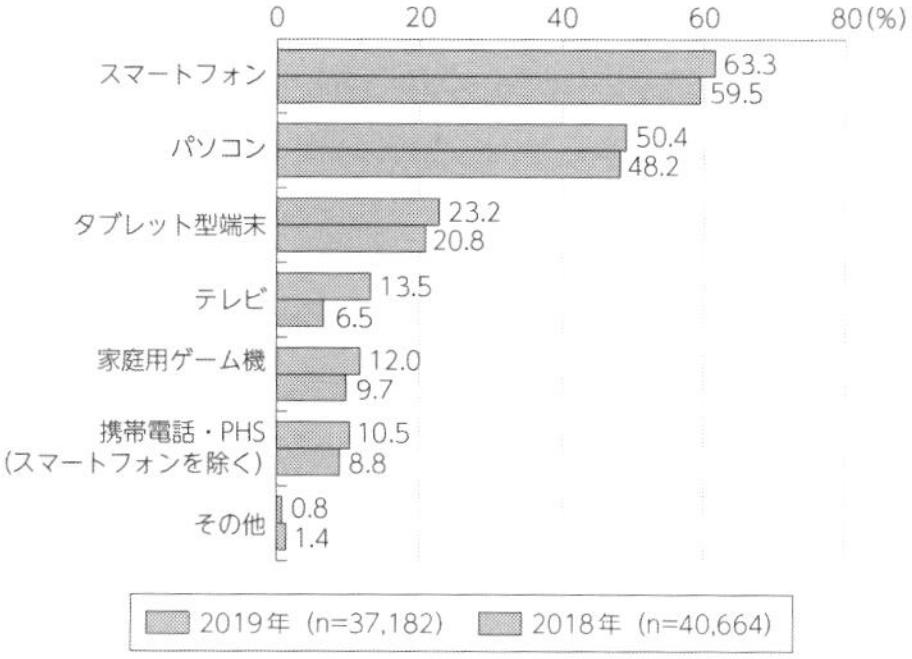

※当該端末を用いて過去1年間にインターネットを利用したことのある人の比率
※テレビの2018年の数値は、「インターネットに接続できるテレビ」のもの

図4-1　インターネットにアクセスする端末の種類

経済フロンティアの拡大、高コスト構造の打破、活力ある地域社会の形成や真のゆとりと豊かさを実感できる国民生活等を実現するものである」と述べている。この政府の基本方針から2年後の２０００年には「高度情報通信ネットワーク社会形成基本法」（ＩＴ基本法）が制定された。

本章の冒頭でも述べたように、いまや、多くの人がスマホを持ち、インターネットにアクセスしている。総務省の『令和二年度版　情報通信白書』[1]によると、２０１９年のスマホの世帯保有率は83・４％となり、２０１０年の９・７％から９年間で８・５倍に増加した。また、インターネットにアクセスする端末としても、パーソナルコンピュータ（パソコン）を抜き、トップとなっている（図４―１）。そもそも、日本人のインターネットの利用率は２０１９年で89・８％であり、ここ10年は８割前後で推移していたが、２０１８年から

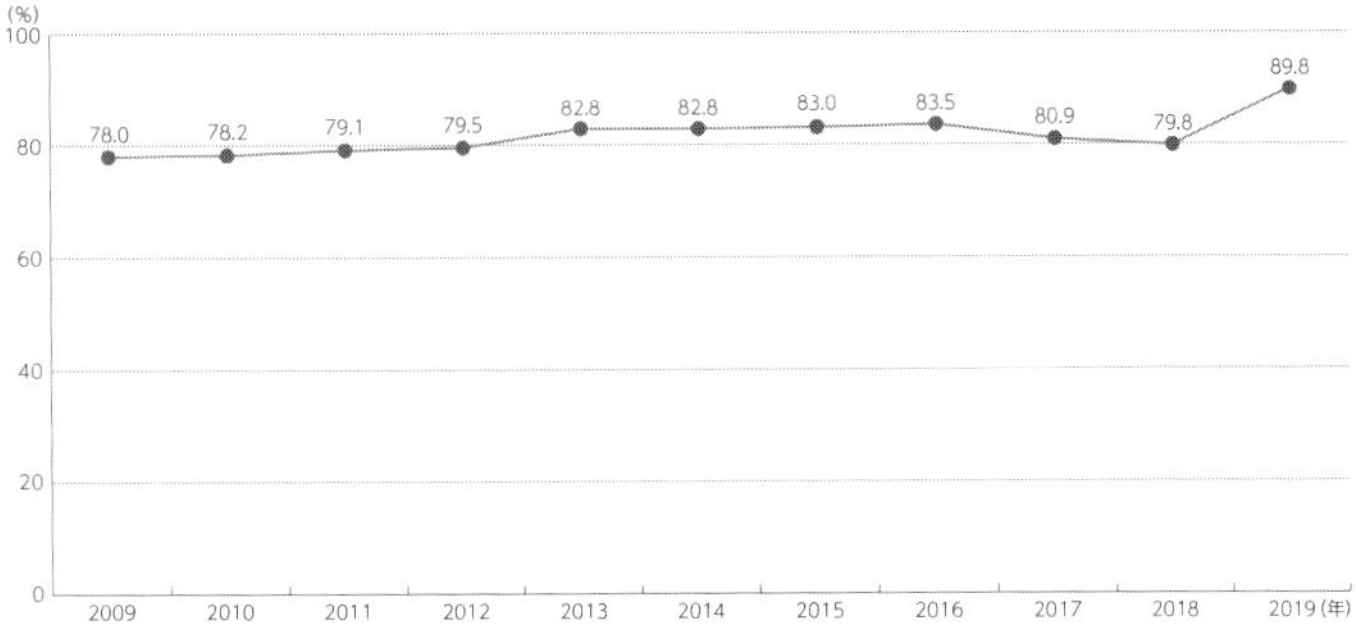

図4-2　インターネット利用率の推移

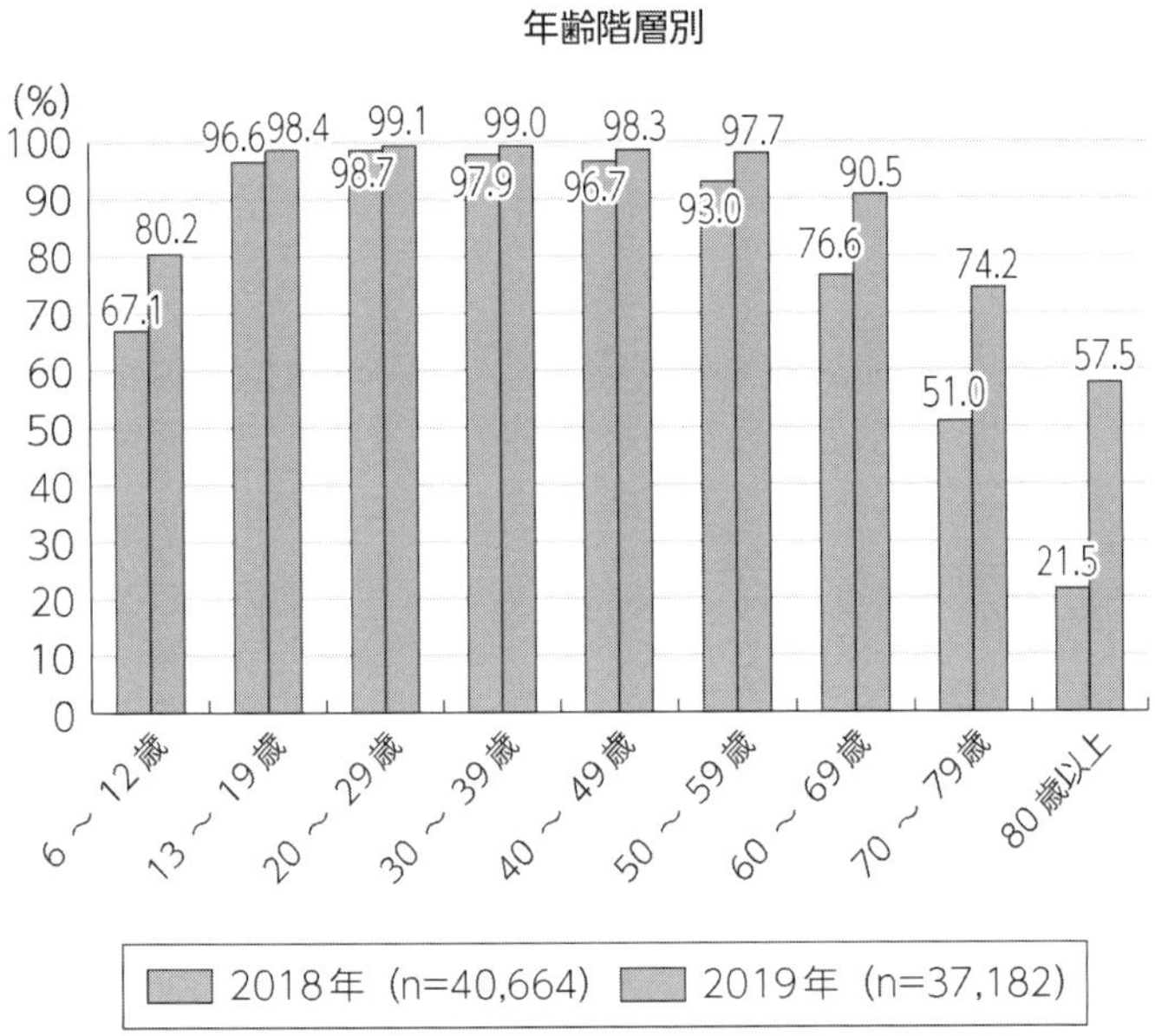

図4-3　年齢構成別のインターネット利用率

２０１９年には10ポイント上昇している（図４―２）。年齢構成別にインターネット利用率を見ると、13～69歳では90％を超えており、なかでも13～59歳は１００％にかなり近い割合となっている。一方で、70歳以上、とりわけ80歳以上の利用率はまだ半数程度にとどまっており、世代間の差が大きい（図４―３）。

高度情報通信社会には、本章の冒頭に述べたように便利なだけでなく危険性も存在する。改めていくつかの例を列挙すれば、ＳＮＳなどを悪用した犯罪やいじめなどの問題、コンピュータウイルスの感染などのセキュリティーの問題や、個人情報漏えいなどのプライバシー侵害の問題、世代や地域などで生じるデジタル・デバイド（情報格差）の問題などである。これらには、法整備などで対処すべき側面はもちろんあるが、私たち一人ひとりの能力やモラルにかかっている側面もある。「読み・書き・計算」と同じように、情報を適切に扱える能力やモラル、すなわち「情報活用能力」が求められる一端がここにある。詳しくは、本節の（２）で述べる。

ところで、日本政府は、２０１６年１月に「第５期科学技術基本計画」を閣議決定した。このなかで日本が目指すべき未来社会の姿としてSociety 5.0が提唱された。Society 5.0とは、「サイバー空間（仮想空間）とフィジカル空間（現実空間）を高度に融合させたシステムにより、経済発展と社会的課題の解決を両立する、人間中心の社会（Society）」[2]である。Society 5.0の前、つまりSociety 4.0が情報社会（本章で述べてきた高度情報通信社会）であり、そこから次のヴァージョンの

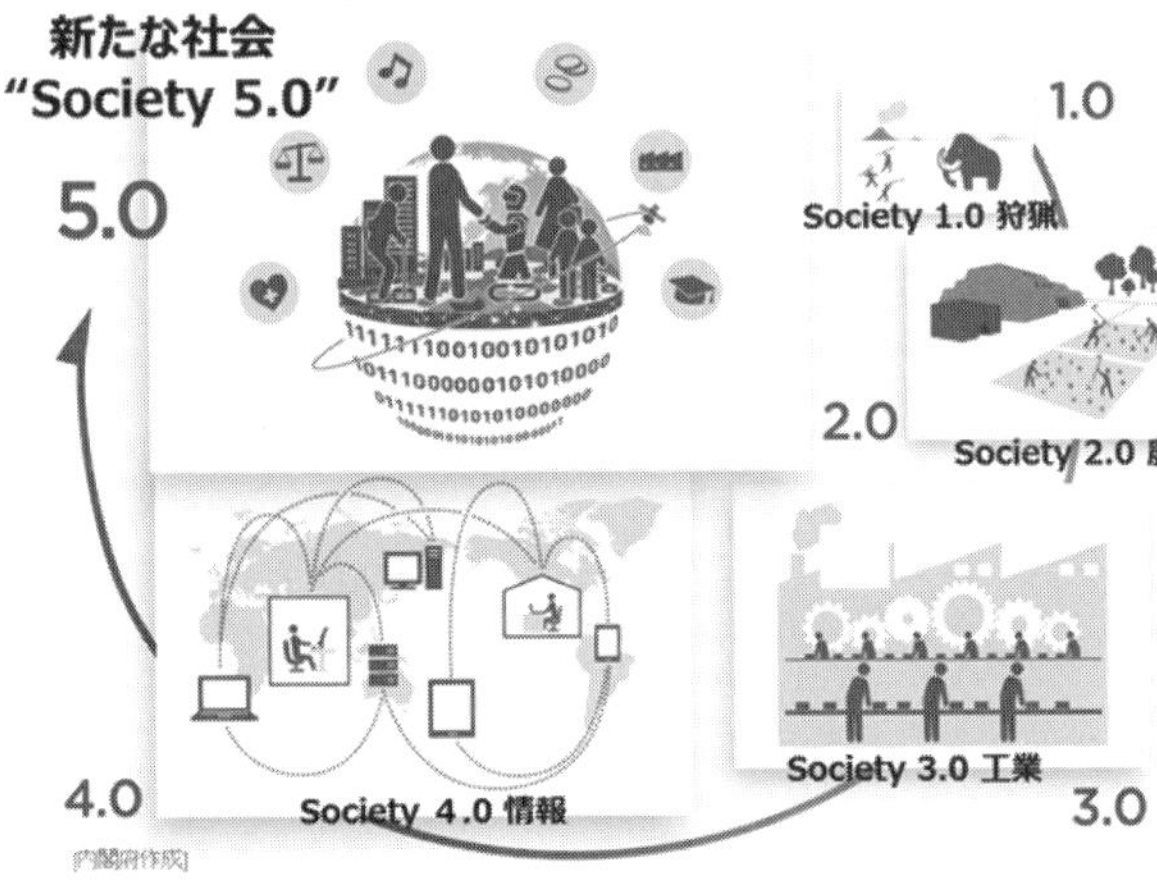

図4-4　Society 5.0の位置づけ　（出典：内閣府ウェブサイト）

社会への進化が目指されているというわけである（図4―4）。

内閣府では次のように説明している。「これまでの情報社会（Society 4.0）では知識や情報が共有されず、分野横断的な連携が不十分であるという問題」があった。「Society 5.0で実現する社会は、IoT（Internet of Things）で全ての人とモノがつながり、様々な知識や情報が共有され、今までにない新たな今までにない新たな価値を生み出」し、「人工知能（AI）により、必要な情報が必要な時に提供されるようになり、ロボットや自動走行車などの技術で、少子高齢化、地方の過疎化、貧富の格差などの課題が克服され」る。そして、「社会の変革（イノベーション）を通じて、これまでの閉塞感を打破し、希望の持てる社

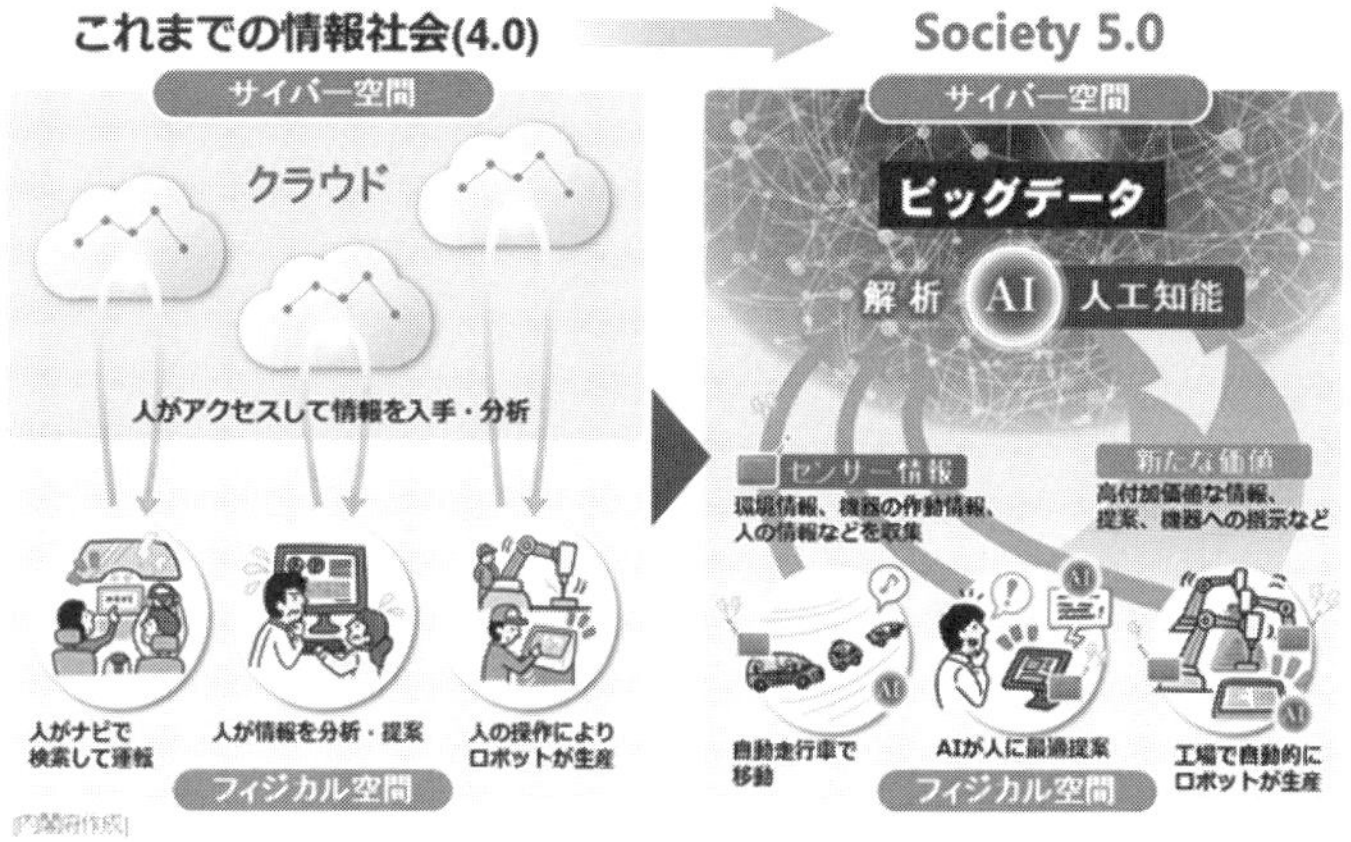

図4-5　Society 4.0とSociety 5.0の違い　（出典：内閣府ウェブサイト）

会、世代を超えて互いに尊重し合あえる社会、一人一人が快適で活躍できる社会」となる（図4―5、図4―6）。

これだけを読むと、何とすばらしい未来社会が待っているのだろうと思ってしまいそうである。実現できたらどんなによいかと筆者も思っている。しかし、高度情報通信社会がそうであるように、便利さや快適さの追求の裏には、必ず新たな課題や危険性が生じるものである。そのことを忘れてはならない。

先の内閣府の説明でも触れられていた人工知能（AI：Artificial Intelligence）という言葉を昨今はよく耳にするようになった。2017年、将棋の佐藤天彦名人がAI棋士の「ポナンザ」に2連敗したことは大きな話題となった。プロ棋士がAI棋士に負けたことをもっ

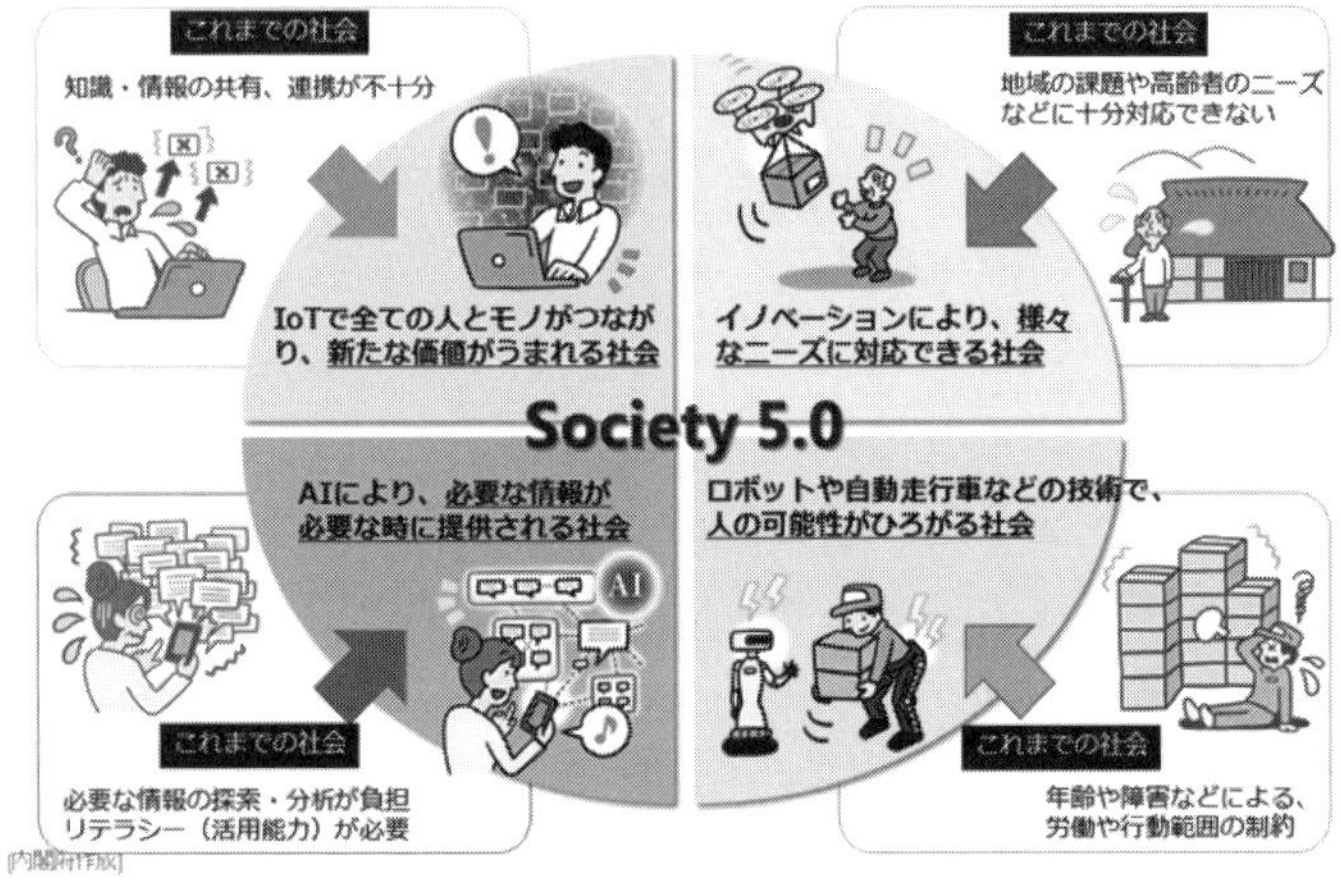

図4-6　Society 5.0で実現する社会　（出典:内閣府ウェブサイト）

て、「人間をも越える実力を持った将棋ＡＩ」[3]などと言われるようになった。

ＡＩが人間の能力を超えることを技術的特異点（シンギュラリティ：Technological Singularity）という。将棋のような特定の場面でＡＩが人間の能力を超えたかのように見えるケースは報告されているものの、それがシンギュラリティと言い切れるまでには至っていない。しかし、近いうちにＡＩのシンギュラリティが到来するかのように主張する人たちは、研究者や技術者のなかにも少なくない。ＡＩのシンギュラリティに期待を寄せる人がいる半面、職業の多くがＡＩに代替されるのではないかと不安を抱く人も多い。

はたして、シンギュラリティは到来するのだろうか。第2章で紹介した「リーディング・スキルテスト」を考案した数学者の新井紀子は、否定的である。(4) ＡＩは、コンピュータ上のソフトウェアであり、数式に置き換えられるものしか処理できない。「今のところ、数学で数式に置き換えることができるのは、論理的に言えること、統計的に言えること、確率的に言えること」だけであり、私たちが「意識無意識を問わず認識していること」を「すべて論理、統計、確率に還元することはできません」。それがシンギュラリティの到来に否定的な理由である。新井は、そもそも、ＡＩとＡＩ技術を混同していることも指摘している。ＡＩを実現するために開発されているさまざまな技術がＡＩ技術であり、現在ではそのＡＩ技術を単にＡＩと呼ぶことが多いとする。ＡＩ技術には、スマホやスマートスピーカーなどに用いられている音声認識技術と自然言語処理技術など、すでに実用化されている。

シンギュラリティが到来するにせよ、しないにせよ、駅の自動改札機、銀行のＡＴＭ、公共図書館の自動貸出機などＡＩ技術が人間の仕事を代替するようになってきていることは否めない。新井はいう。「残る問題は、ただの計算機に過ぎないＡＩに代替されない人間が、今の社会の何割を占めているかということです」。

これからの学校教育には、ＡＩ技術に代替されない能力や強みをもった人間を育てることが求められている。新しい「学習指導要領」の解説総則編には、全校種において、次のような記述がある。「人工知能（ＡＩ）の飛躍的な進化を挙げることができる。人工知能が自ら知識を概念的に理解し、思考し始めているとも言われ、雇用の在り方や学校において獲得する知識の意味にも大きな変化をもたらすのではないかとの予想も示されている。このことは同時に、人工知能がどれだけ進化し思考できるようになったとしても、その思考の目的を与えたり、目的のよさ・正しさ・美しさを判断したりできるのは人間の最も大きな強みであるということの再認識につながっている」。

（2） 学校教育の情報化と情報活用能力の育成、そしてプログラミング教育

高度情報通信社会と言われるようになってから、国の施策として、学校教育の情報化も進められてきた。近年の動向では、２０１１年４月に文部科学省が「教育の情報化ビジョン～21世紀にふさわしい学びと学校の創造を目指して～」を策定、公表した。このなかで、「教育の情報化については、これまで策定された国家戦略に掲げられた政府目標を十分達成するに至らず、また、他の先進国に比べて進んでいるとはいえない状況にある」と現状認識を述べ、「２０２０年度に向けた教育の情報化に関する総合的な推進方策」としてこのビジョンを取りまとめたとする。(5) 続いて、文部科学省は、２０１６年７月に「教育の情報化加速化プラン～ＩＣＴを活用した「次世代の学校・地域」の創生～」を策定、公表した。これは、「教育の情報化に関して、平成28年度から32年度までのおおむね5年間を対象として、２０２０年代に向けた教育の情報化に対応する

ための今後の対応方策について示す」[6]ものである。

こうした施策にも関わらず、学校教育における情報化は、社会におけるそれの進展スピードに比べると、遅れをとっているといわざるを得ない。文部科学省が２０１９年12月に公表した「平成30年度学校における教育の情報化の実態等に関する調査結果（概要）〔確定値〕」[7]（以下、本章では「平成30年度調査」）によると、学校のインターネット接続率は２０１９年３月末で93・９％となり、10年前に比べて30ポイント以上上昇した。普通教室の無線ＬＡＮ整備率も89・９％となっている。しかし、教育用コンピュータ１台当たりの子どもの数はいまだに５・４人となっており、10年前の７・２人と比べても劇的に改善しているわけではない。また、普通教室の大型提示装置整備率も52・２％と約半数にとどまった。さらに、都道府県間での整備状況の開きも大きい。

これらの現状をふまえ、「学校教育の情報化の推進に関する施策を総合的かつ計画的に推進し、もって次代の社会を担う児童生徒の育成に資することを目的」とした「学校教育の情報化の推進に関する法律」が２０１９年６月に制定された。また、２０１９年12月には、文部科学省が「ＧＩＧＡスクール」構想を打ち出した。この構想は、子ども一人１台コンピュータの実現や高速大容量の通信ネットワークなどの「ＩＣＴ環境整備の抜本的充実〈ハード〉」、デジタル教科書など良質なデジタルコンテンツの活用促進などの「デジタルならではの学びの充実〈ソフト〉」、各地域の指導者養成研修の実施などの「日常的にＩＣＴを活用できる体制〈指導体制〉」の３つを柱としている。そして、「ハード・ソフト・指導体制一体で、全国各地での取組を加速化」「民間企業等からの支援・協力によるハード・ソフト・指導体制の更なる充実」を図るとしている。(8) 壮大な構想であるが、法律の整備もあり、今まで以上の力の入れようである。

ここまでは、学校教育の情報化のいわばハードの面を中心に述べてきたが、ここからはソフトの部分を見ていきたい。先に述べた「教育の情報化ビジョン～21世紀にふさわしい学びと学校の創造を目指して～」では、学校教育の情報化の3つの側面を示している。

①情報教育（子どもたちの情報活用能力の育成）
②教科指導における情報通信技術の活用（情報通信技術を効果的に活用した、分かりやすく深まる授業の実現等）
③校務の情報化（教職員が情報通信技術を活用した情報共有によりきめ細かな指導を行うことや、校務の負担軽減等）

順番は逆になるが、このうち③については、教職員の事務負担を軽減し「働き方改革」にもつながる。しかし、「平成30年度調査」では、統合型校務支援システム整備率が57・5%など、取り組みはまだ道半ばである。

②に関わって（もちろん①と③にも関わるが）、同じ「平成30年度調査」から「教員のＩＣＴ活用指導力の推移」を見てみる。項目は大きくＡ「教材研究・指導の準備・評価などにＩＣＴを活用する能力」、Ｂ「授業中にＩＣＴを活用して指導する能力」、Ｃ「児童生徒のＩＣＴ活用を指導する能力」、Ｄ「情報モラルなどを指導する能力」、Ｅ「校務にＩＣＴを活用する能力」の５つである。このうち、Ａ、Ｄ、Ｅは、２０１８年でそれぞれ84・８％、80・６％、80・２％と８割を超えている。一方で、Ｂは76・６％、Ｃは67・１％であった。Ｃ、すなわち「児童生徒のＩＣＴ活用を指導する能力」が最も低いというのは意外だが、10年前も57・８％であり、ほかの項目がいずれもこの10年で10ポイント以上の伸びを示しているのに対して伸び率も低い（図４－７）。「児童生徒のＩＣＴ活用を指導する能力」は、新たに位置づけられるプログラミング教育（後述）の指導にも直結するだけに、効果的な研修の実施が喫緊の課題といえよう。

①の「情報教育（子どもたちの情報活用能力の育成）」についてである。情報活用能力という用語と概念の登場は、１９８０年代半ばまでさかのぼる。すでにアメリカなどでは情報リテラシー（Information Literacy）という用語と概念が使われていたが、日本のそれとは必ずしもイコールではない。日本では、１９８６年４月の臨時教育審議会第二次答申において「情報及び情報手段を主体的に選択し活用していくための個人の基礎的な資質（情報活用能力）」を読み、書き、計算に並ぶ基礎・基本と位置づけるとし、それ以降、情報教育の本格的な展開へとつながっていった。１

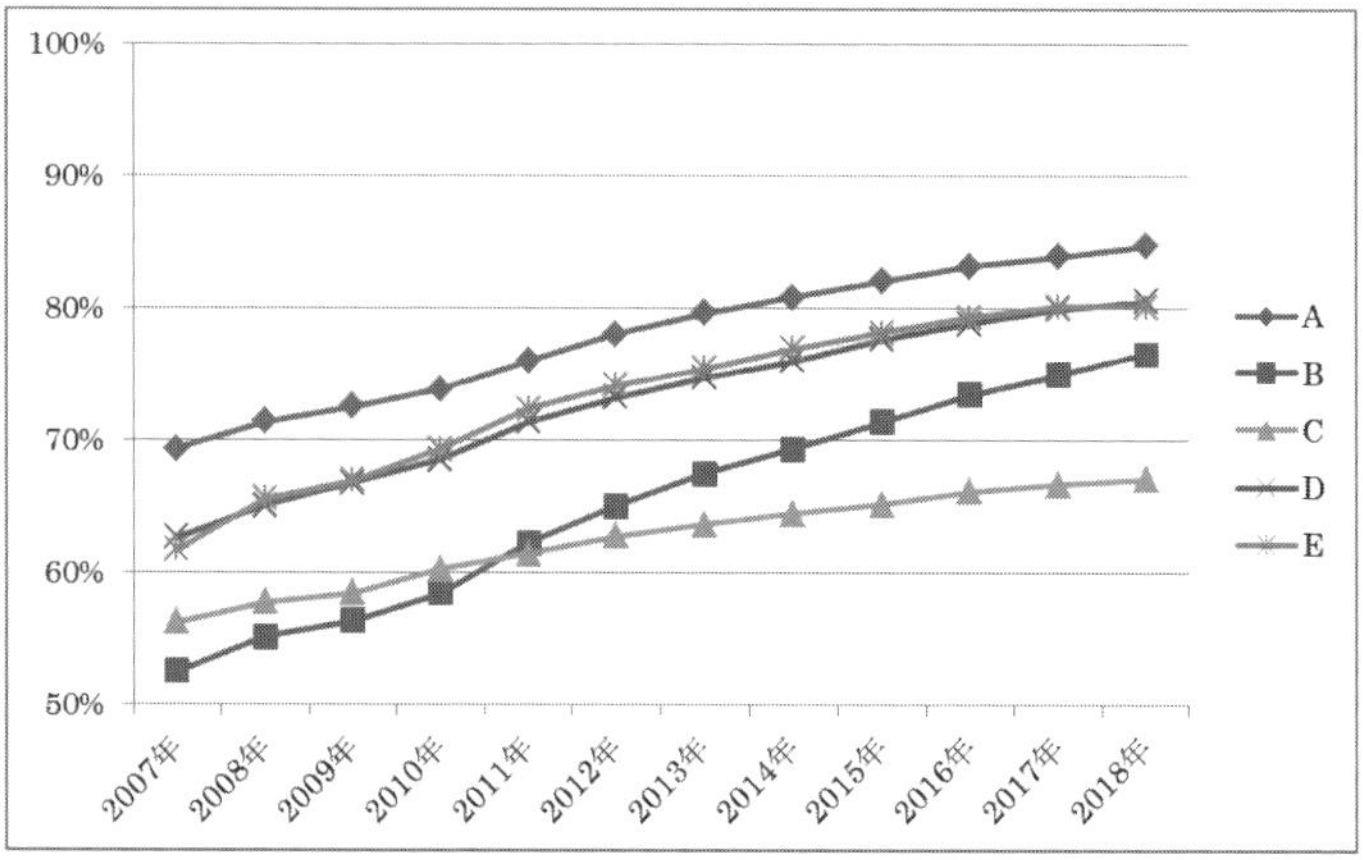

図4-7　教員のICT活用指導力の推移

989年改訂の「学習指導要領」を皮切りに、改訂のたびに情報教育の強化が図られ、現在に至っている。1999年改訂の「高等学校学習指導要領」では、普通教科「情報」を新設し、必修とした。ただし、教科が設けられているのは、高等学校だけであり、情報活用能力の育成を図る情報教育は、基本的には学校の教育課程全体を通して指導していくことになっている。

現在、文部科学省では、情報活用能力の育成を図る情報教育の目標を3観点8要素で整理している。

①情報活用の実践力

・課題や目的に応じた情報手段の適切な活用
・必要な情報の主体的な収集・判断・表現・処理・創造
・受け手の状況などを踏まえた発信・伝達

②情報の科学的な理解
・情報活用の基礎となる情報手段の特性の理解
・情報を適切に扱ったり、自らの情報活用を評価・改善するための基礎的な理論や方法の理解
③情報社会に参画する態度
・社会生活の中で情報や情報技術が果たしている役割や及ぼしている影響の理解
・情報モラルの必要性や情報に対する責任
・望ましい情報社会の創造に参画しようとする態度

では、子どもの情報活用能力の現状はどうなっているのだろうか。文部科学省は小学校・中学校を対象に2013年から翌年にかけて、高等学校を対象に2015年から翌年にかけて「情報活用能力調査」を行っている。ここでは高等学校を対象とした調査の結果から見てみたい。(9) 同調査は、高等学校2年生を対象に実施された。その結果からは、次のような現状と課題が指摘されている。

〈情報活用の実践力〉
整理された情報を読み取ったり、整理・解釈したりすることはできるが、複数の情報がある

多階層のウェブページから、目的に応じて特定の情報を見つけ出し、関連付けることに課題がある。また、複数の統計情報を、条件に合わせて整理し、それらを根拠として意見を表現することに課題がある。

〈情報の科学的理解〉

自動制御に関する情報処理の手順を考え、アルゴリズムを用いて表現することに課題がある。

〈情報社会に参画する態度〉

基本的な情報モラルは理解しているが、情報の発信・伝達の際に、他者の権利（肖像権や著作権）を踏まえて適切に対処することや、不正請求のメールやサイト等の対処に課題がある。

こうした現状と課題をふまえつつ、文部科学省では新しい「学習指導要領」の実現を見据えて、情報活用能力の育成に係るカリキュラム・マネジメントのあり方、ICTを効果的に活用した指導方法の開発などの実践的な研究を行う「次世代の教育情報化推進事業」を実施している。ところで、新しい「学習指導要領」では、Society 5.0の実現に資するべく、プログラミング教育が全校種で新たに位置づけられた。とはいっても、教科が新設されるわけでなく、情報活用能力の育成と同様、カリキュラム・マネジメントを行い教育課程全体を通して指導していくことになる。プログラミング教育というと、即、コンピュータを活用した教育と思われがちである。たしかに、そうした側面は大きいし、教員の「児童生徒のICT活用を指導する能力」が一段と問われてくることになる。ただし、プログラミング教育のすべてがコンピュータを活用して行われるわけではないし、その必要もない。プログラミング教育の大きなねらいは、「プログラミング的思考」の育成にあるからである。「プログラミング的思考」とは、「自分が意図する一連の活動を実現するために、どのような動きの組合せが必要であり、一つ一つの動きに対応した記号を、どのように組み合わせたらいいのか、記号の組み合わせをどのように改善していけば、より意図した活動に近づくのか、といったことを論理的に考えていく力[10]」のことである。こうした論理的思考力は、これからの時代には普遍的に求められる力といえるだろう。プログラミング教育の必修化を受けて、情報教育は新たな局面を迎えたといえる。

第2節　情報教育と学校図書館の乖離と融合

(1) 別々に歩む情報教育と学校図書館

情報活用能力の育成を図るべく、そして、今後はプログラミング教育も推進するべく、情報教育が展開されてきた。日本では、情報活用能力の育成や情報教育といったときの「情報」の内実は、本章の第1節で述べてきたことからもわかるように、ほぼコンピュータやICTを活用したデジタル情報を指しているといってよい。しかし、「情報」は、デジタル情報もあれば、当然、紙に印刷された図書、雑誌、新聞のような印刷メディアなどのアナログ情報もある。そもそも、情報とは、簡潔にいうならば、事実や思想などを他者に伝達可能な形で表現したものといえ、他者に伝達可能な形であればアナログもデジタルも問わない。世の中の情報のうちデジタルによる流通量が増大し続けているとはいえ、すべての情報がデジタルになっているわけではないことには留意する必要がある。

こうした情報の内実をふまえて、欧米諸国の情報リテラシー教育においては、アナログ情報からデジタル情報までを幅広く扱う図書館の果たす役割が大きい。一方で、日本の情報活用能力の育成はどうかといえば、情報教育という分野が学校図書館とは別個に存在し、行政的にも実践的にも情報教育が中心に取り組んでいると思われている。実際、文部科学省は、学校図書館に比して、情報教育に圧倒的に多くの予算と人員を投入している。もちろん、学校図書館も、その機能の一つに「児童生徒や教職員の情報ニーズに対応したり、児童生徒の情報の収集・選択・活用能力を育成したりする「情報センター」機能」(11)を有しており、全国学校図書館協議会が「情報資源を活用する学びの指導体系表」(2019年)を作成・公表しているのをはじめ、学校図書館の担当職員(司書教諭や学校司書など)による優れた実践は多々蓄積されている。しかし、やはり情報活用能力の育成というとき、コンピュータやICT、そして情報教育の陰に、学校図書館の存在は隠れてしまうのが偽らざる実態であろう。

情報教育は、その源流に第二次世界大戦前の映画教育から発展した視聴覚教育がある。現在の「学校図書館法」は議員立法の形で1953年8月に成立するが、その第2条には「図書、視聴覚教育の資料その他学校教育に必要な資料（以下「図書館資料」という。）を収集し、整理し、及び保存し」とある。ここには、すでに文部省が1949年に定めた「学校図書館基準」において「図書のほか雑誌、新聞、郷土資料、パンフレット、地図、標本、地球儀、絵画、写真、図表、フィルム、レコード、スライド、紙芝居、児童生徒作品その他の必要な視聴覚教材をつとめて備える」[12]としていたことや、1950年の「第二次訪日アメリカ教育使節団報告書」において学校図書館には「図書館用書籍ならびにその他の教材が学校図書館に備えられるべきである。学校図書館は単に書籍ばかりでなく、日本人の、あのまれにみる芸術的才能をもって教師と生徒が製作した資料を備えるべきである。（中略）資金が多くもらえるにつれて、幻燈や映画もさらに加えることができる。教材センターとしての学校図書館は、生徒を援助し指導する司書を置いて、学校の心臓部となるべきである」[13]と述べていたことなどが影響していると思われる。つまり、視聴覚メディアをも含めたアメリカ型の学校図書館のイメージが前提としてあったといえる。

しかし、日本において学校図書館が制度的に確立するのも、また実践・研究団体が発足するのも、第二次世界大戦後であった。その点、戦前から全国組織「全日本活映教育研究会」（1928

年発足、現在の日本視聴覚教育協会）が存在した視聴覚教育のほうが歴史も実践の蓄積もあった。何よりも、「学校図書館法」が成立する1953年よりも前に、文部省社会教育局に視聴覚教育課が新設（1952年）され、学校図書館と視聴覚教育は異なる所管となったことで、行政的にも、そして施策的にも両者が別々に歩む方向性を決定づけたといえる。「学校図書館法」が「視覚聴覚教育の資料」を扱うと規定したところで、実効性はほとんどないに等しかった。以来、学校図書館は、図書を中心に扱い、読書に資する場所という強固なイメージが定着していくことになる。

1990年代から2000年代になると、情報教育の充実とともに、学校図書館にも「学習・情報センター」の機能が期待されることになった。そのなかで、学校図書館と情報教育の融合を模索する動きがなかったわけではない。すでに前節（2）で紹介した文部科学省の「教育の情報化ビジョン〜21世紀にふさわしい学びと学校の創造を目指して〜」（2011年）にも、「子どもたちの情報の収集、取捨選択等、多様なメディアを活用した学習・情報センターとしての学校図書館の機能を、司書教諭を中心に一層強化していくことも求められる」との記述が見られる。しかし、その後の「教育の情報化加速化プラン〜ICTを活用した「次世代の学校・地域」の創生〜」（2016年）、「学校教育の情報化の推進に関する法律」、「GIGAスクール」構想（ともに2019年）などにおいては、「情報センター」であるはずの学校図書館は完全に蚊帳の外となっている。

（２）情報教育の基盤としての学校図書館へ

情報教育や教育方法を専門とする平沢茂は、「多くの学校では、コンピュータはコンピュータ室に置いてコンピュータ係が管理・運用する。印刷メディアは、図書室に置き、図書係が管理・運用する。視聴覚メディアは、視聴覚室に置き、視聴覚係が管理・運用する。これは利用の促進を図る上で得策ではない」とし、「すべてのメディアを、メディアとして一元的に管理・運用しようという」メディア・センターの考え方を提示している。そして、「この場合、保管される場所は、利用の便を考えて別であってもよいだろう。しかし、管理・運用の体制は一元化されているのがよい」とし、「学校図書館の司書教諭にその役割を担ってもらうことが期待される[14]」と述べている。

こうした考え方は、以前から散見されるし、文部科学省も施設整備の側面からは、この平沢の意見に近い指針をすでに提示している。例えば、文部科学省が定めた小学校と中学校の「施設整備指針」（2019年改訂）では、学校図書館について「図書、コンピュータ、視聴覚教育メディアその他学習に必要な教材等を配備した学習・情報センターとして計画することも有効である[15]」とする。まさに、アナログとデジタルのハイブリッドな情報環境づくりが指向されているといえるし、「メディア・センター」ともいえる。

しかし、文部科学省の「平成28年度学校図書館の現状に関する調査」の結果を見ると、学校図書館とコンピュータ室などが一体的に整備されている学校の割合は小学校12・6%、中学校8・2%、高等学校4・6%であり、学校図書館内に子どもがインターネットによる情報収集に活用できる端末を整備している学校も小学校10・6%、中学校12・5%、高等学校47・6%にとどまっている。[16] そもそも、学校図書館とコンピュータ室などの情報教育を担当する校務分掌組織が別という学校も多い。ハイブリッドな情報環境づくりの第一歩は、組織の見直しからということになろう。学校図書館の館長たる校長の意識とリーダーシップが問われている。

とはいえ、こうした校内に別組織がある背景には、すでに述べた行政・施策における歴史的な経緯が多分に影響しており、いまなお、情報教育は初等中等教育局情報教育・外国語教育課、学校図書館は総合教育政策局地域学習推進課と文部科学省内の所管が分かれたままである。そして、それは各地の教育委員会の組織にもそのまま反映されている。しかし、新聞や事典のデータベースや電子書籍など両者にまたがるようなデジタルコンテンツも今後急速に学校にも普及していくことは間違いない。それぞれが別個に情報活用能力の育成に資する施策を展開するよりも、両者の強みを活かした融合型の施策を打ち出したほうがどんなにか建設的であるし、効果も高まるというものである。すなわち、アナログとデジタルのハイブリッドな情報環境づくり、ないし「メディア・センター」を学校の施設整備面の指針にとどめずに、情報教育の基盤としていかに実質化できるかということである。

所管部局が別のままで、とても無理と多くの人は思うだろう。しかし、教育の分野では、過去に所管部局（しかも文部科学省と厚生労働省という省の垣根まで）を越えて実現した「幼保一元化」（認定こども園制度など）施策という実績がある。プログラミング教育の必修化という情報教育が新たな局面を迎えたいまが、まさにそのチャンスではないだろうか。

注・引用文献

（1）総務省『令和二年度　情報通信白書』、２０２０年（https://www.soumu.go.jp/johotsusintokei/whitepaper/r02.html）（最終アクセス：２０２1年2月20日）
（2）内閣府「Society 5.0」内閣府ウェブサイト（https://www8.cao.go.jp/cstp/society5_0/）（最終アクセス：２０２０年４月20日）
（3）松原仁「将棋で人間とＡＩが対決する時代は終わった」『Ｂｉｚコンパス』（https://www.bizcompass.jp/original/re-life-092-3.html）（最終アクセス：２０２０４月20日）
（4）新井紀子『ＡＩ　ＶＳ．教科書が読めない子どもたち』東洋経済新報社、２０１8年、12―18頁、１５５―１６５頁
（5）文部科学省「教育の情報化ビジョン～21世紀にふさわしい学びと学校の創造を目指して～」、２０１１年、１―２頁
（6）文部科学省「教育の情報化加速化プラン～ＩＣＴを活用した「次世代の学校・地域」の創生～」、２０１６年、１頁

（7）文部科学省「平成30年度学校における教育の情報化の実態等に関する調査結果（概要）〔確定値〕」、2019年、4―30頁
（8）文部科学省「「児童生徒1人1台コンピュータ」の実現を見据えた施策パッケージ」、2019年
（9）文部科学省「情報活用能力調査（高等学校）結果概要」、2017年、1頁
（10）文部科学省『小学校学習指導要（平成29年告示）領解説総則編』、2017年、85頁
（11）文部科学省「学校図書館ガイドライン」（「学校図書館の整備充実について（通知）」別添1）、2016年
（12）文部省「学校図書館基準（一九四九年）」全国学校図書館協議会『学校図書館五〇年史』編集委員会編『学校図書館五〇年史』全国学校図書館協議会、2004年、513頁
（13）「第二次アメリカ教育使節団報告書（抄）」全国学校図書館協議会『学校図書館五〇年史』編集委員会編『学校図書館五〇年史』全国学校図書館協議会、2004年、506頁
（14）平沢茂編著『教育の方法と技術　三訂版』図書文化、2018年、146頁
（15）文部科学省「小学校施設整備指針」、2019年、23頁
（16）文部科学省「平成28年度「学校図書館の現状に関する調査」の結果について」、2016年、10頁

参考文献

今井福司『日本占領期の学校図書館――アメリカ学校図書館導入の歴史』勉誠出版、2016年
根本彰『教育改革のための学校図書館』東京大学出版会、2019年
全国学校図書館協議会「探究　学校図書館学」編集委員会編『学校図書館メディアの構成』全国学校図書館協議会、2020年

【コラム】

中央大学附属中学校・高等学校の図書館におけるICT活用の現状について

平野　誠

1. はじめに

中央大学附属中学校・高等学校は、東京都小金井市に位置し、中学生約500名、高校生約1000名が在籍する大学附属校である。中学生は全員が附属高校に、高校生の約90%が中央大学に内部推薦で進学することから、教科学習をはじめ、学校行事などの教育課程全般で課題解決型学習や探究活動が重視されてきた。

現在、図書館内で行われている授業は、年間800時限程度であり、多い年は1000時限を超える。館内ではさまざまな教科や学年の授業が展開され、複数のクラスが同時に授業を行うことも日常的である。このように、教育課程全般で図書館が活発に利活用されてきた要因は、開館以来、生徒と教職員の調査や研究に対応できる図書館資料を収集してきたこと。また、学習者用コンピュータを図書館内に導入し、授業のクラス単位で1人1台の利用環境が整備されたこと。そして、情報探索を目的とした学習用ツールとしてのデータベースをはじめ、デジタルコンテンツを積極的に導入・活用してきたことにほかならない。

ICT環境の整備前に比べると、館内で行う年間の授業数は約4倍に増加している。このことは、ICTの利活用が学校図書館の活性化につながる証であろう。本コラムでは、現在の本校図書館におけるICTの利活用について報告する。

2．授業利用を前提とした館内のICT環境整備

館内のICT導入は、図書館にインターネットが接続された1998年にはじまった。初代の図書館システム導入と併せて、館内に初めて校内LANとインターネットに接続されたデスクトップ型の学習者用コンピュータが5台設置された。

学習用コンピュータには、学習用ツールとして、ワープロ・表計算・プレゼンテーション・PDF作成ソフトがインストールされ、加えて起動時に図書館用の独自設定に自動的に復元できる復元ソフトが導入された。この復元ソフトは、セキュリティーソフトとともに、教具として複数の生徒が使用する環境下で脅威となるコンピュータウィルスの感染防止や個人情報の漏洩防止にも大変有効であり、今日までさまざまなトラブルを未然に防いでいる。

その後、当初の有線LANに加えて無線LANも敷設され、学習者用コンピュータも、台数の増設とリプレイスを行いながら、生徒数名に1台の配置から2人に1台の配置となり、2006年に55台が増設されたことで、教職員の念願であった1クラス単位で1人1台の授業利用が実現した。

さらに、2010年に中学校を創設したことで、新たに校内で2館目の図書館（分館）が開館した。教職員の要望に基づき分館内には1クラス分の学習者用コンピュータが新たに配置されたことで、現在の学習者用コンピュータは、ノート型を中心に図書館本館に75台。図書館分館に40台の合計115台が図書館内に常設配置され、いつでも利用できる状態にある（図1）。

図1　放課後の館内

また、図書館システムが提供する所蔵資料検索システム（OPAC）専用コンピュータも、司書教諭・学校司書によるレファレンスも考慮して、館内カウンター前と各書架の脇に合計10台を常設している。学習者用コンピュータは、復元ソフトを稼働させるために利用時に利用者自身が起動をさせる方式をとっているが、OPAC専用コンピュータは、開館時間帯はいつでも直ぐに検索が可能となるように常時稼働をさせている。

図書館業務を担う図書館システムは、初代導入時のコンセプトとしてOPACの機能を最重要視した経緯もあり、二代目となる現在の図書館システムにおいてもリプレイス前に教職員・生徒の要望を聴取して、利用者のニーズを満たすOPACが実現した。具体的には、授業利用時に1クラスの生徒が一斉にOPACにアクセスをしても、OPAC検索結果が遅延無く表示されるように、OPACサーバーを3台設置し、ロードバランサーを介し

図2　学習者用コンピュータからOPACやデータベースを利用

て一斉アクセスを分散処理させる方式を採用した。前記の方式で運用してからは、授業における所蔵資料の一斉検索でもトラブルはなく、授業の進行が滞ることもなくなった（図2）。

さらに、授業や教材研究における所蔵資料の検索では、調べたい事柄のキーワードから求める図書資料を効率的に探し出したい。検索機能を高めるために、キーワードの追加など書誌データを学校司書が整備。また、AND・OR・NOTの演算子や抽出された資料の絞り込み機能、ハイライト表示機能、分かち・全文・一致検索機能、分類検索などが可能となっている。

学習者用コンピュータを利用した館内での授業が行われるようになってからは、演示や発表用としてプロジェクター2台が常設され、併せて移動式2台が導入された。当初は、携帯型のスクリーンに投影をしていたが、図書館本館の吹抜け壁に投影することを思いつき、改修工事に併せて輝度

図3　吹抜けを利用した壁スクリーンに教材提示

の高い塗装を依頼。２５０インチサイズの壁スクリーンが誕生した（図3）。視認性が向上したことから、生徒の評判は高い。

また、館内の放送設備を利用して、ＤＶＤなどの視聴覚教材も音声付きで投影ができることから、多様なメディアを授業等で活用できる環境が整った。

その他、館内には生徒・教職員が利用できるプリンタが20台常設され、課題等の印刷が常時可能。貸出式のヘッドホンは本館と分館にそれぞれ50個用意され、学習者用コンピュータの内蔵ドライブを利用して、館内所蔵のＤＶＤ・ＣＤなど視聴覚資料の視聴も可能となっている。

3．ＩＣＴを活用した館内での授業

学習者用コンピュータの整備により、図書資料に加え、電子資料としてネットワーク情報資源を授業で利活用することができるようになった（図

図4　図書資料と電子資料を活用した授業

4)。同時アクセスにより、同じコンテンツを1クラス単位で一斉利用できることは、授業の教材として大きな利点である。

館内で行われる授業で最も多いケースは、各教科目における課題解決のための情報探索である。館内のICTを利活用した授業における情報探索法を以下に示す。

① 基本情報の確認とキーワード選定

授業における各教科の課題解決や探究活動の内容は多様だが、教科にかかわらず情報探索のスタートとして、調べたい事柄の基本情報を最初に確認する。その情報源は、百科事典を中心とした辞書・事典類である。図書資料として所蔵しているが、1クラスの生徒が一斉に利用するには数に限りがある。館内の学習者用コンピュータから、百科事典等が収録されている商用データベース3種を生徒1人1台の環境で積極的に活用させている。

具体的には、「ジャパンナレッジＬｉｂ」に収録されている「日本大百科全書」と「世界大百科事典」や「ブリタニカ・オンライン・ジャパン」の「ブリタニカ国際大百科事典」である。これら複数の事典を引き比べながら、調べたい事柄の基本情報を確認するとともに、調べたい内容を表すキーワードを複数選定する。さらに、「朝日けんさくくん」、「聞蔵Ⅱビジュアル学校版」、「ヨミダスｆｏｒスクール」ならびに「日経テレコン21教育用データベース普及版」など複数の新聞記事データベースを比較しながら基本情報を確認し、キーワードを選定させている。

自宅学習など学校外においては、前述の商用データベースが利用できない。したがって、非商用データベースとして利用できる辞書・事典類で基本情報を確認することになる。具体的には、「コトバンク」に収録されている「日本大百科全書」、「世界大百科事典（第2版）」ならびに「ブリタニカ国際大百科事典（小項目事典）」は一部機能が制限されているが、活用できるデータベースである。また、「コトバンク」を含むデータベースとして「辞典横断検索Ｍｅｔａｐｅｄｉａ」もある。なお、新聞記事については、各社オンラインサイトがあるものの、記事検索の可能な期間が限定され、すべての情報を閲覧するには有料契約が必要となる場合が多い。

② 入門書としての「新書」の探索

基本情報を確認した後、本校では調べたい事柄の入門書として新書を読ませている。生徒が気軽に読める新書は、調べたい事柄の情報を概観する上でも適している。

具体的には、各自が選定した複数のキーワードを新書の検索に特化した非商用データベース「新書マップ」に入力。表示されたテーマから関連するテーマを選ぶと、書棚を模した新書のリストが表示され、各タイトルの書誌情報から各自の情報探索に関連する新書を探せる。また、併せて表示される「読書ガイド」は、当該テーマの概説と代表的な新書を紹介してくれることから、初学者にとってのレファレンスにもなる。

新書を読むことで、調べたい内容を表す新たなキーワードや、より適切なキーワードが見つかる。

③ 図書資料・文献資料の探索

調べたい事柄の情報を概観し、キーワードを選定したことで、求める情報が記された図書資料や文献資料への道筋ができる。

先ずは自校のOPACを利用し、選定したキーワードから所蔵資料を検索する。また、非商用データベースとして、キーワードから図書資料を検索できる「WebcatPlus」、「国立国会図書館リサーチ・ナビ」ならびに「レファレンス協同データベース」も積極的に生徒に活用させている。本校で所蔵をしていない図書資料も探索が可能で、特に「国立国会図書館リサーチ・ナビ」では「調べ方」が、「レファレンス協同データベース」では「調べ方案内マニュアル」が図書資料探しの道案内となる。

その他、キーワードから図書資料を検索可能な非商用データベースには、出版書誌データベースを収録した「Books」も利用できる。また、論文検索については、国内論文は「CiNii Articles」や「J-STAGE」。国内外の論文は「Google Scholar」などで対応をしている。

④ 図書資料の入手

キーワード検索で求める図書資料の書名がわかれば、自校のOPACで排架先を確認して閲覧。また、地域の公共図書館が提供している「統合・横断検索」に書名を入力することで、自宅周辺や通学経路にある公共図書館の所蔵状況がわかる。

地域資料の検索には非商用データベースの「カーリルローカル」なども利用できる。本校では、自館に所蔵がない場合は、地域の公共図書館を利用することを勧めている。地域の公共図書館に生徒自らが足を運び、公共図書館を利用活用するきっかけづくりになっている。

なお、入手した図書資料を手元で閲覧する際にも、前述した商用・非商用データベースに収録されている辞書・事典類は、「座右の書」として活用されている。

⑤ 政府・各省庁などのポータルサイトの活用

行政資料や統計情報については、求める資料の検索が容易なこと。また、最新のデータが利用できることから、公共機関が提供する非商用データベースとして、「電子政府の総合窓口e-Gov」ならびに「政府統計の総合窓口e-Stat」を活用している。公共のオープンデータの横断検索が可能で、エクセル形式など生徒が図表の作成等で利用しやすいデータとして収録している「データカタログサイトDATA GO.JP」は、教職員の教材作成にも活用される。商用データベースでは、「理科年表プレミアム」も表計算ソフトで活用しやすいデータを提供していることから、理科に限らず利用が多い。

その他、検索機能を有し、授業で活用できる非商用データベースとしては、「政府広報オンライン」、「文化遺産オンライン」、「サイエンスポータル」、「理科ねっとわーく」、「気象庁ホームページ」の過去の気象データなど各種データ・資料、「ひまわり8号リアルタイムweb」、「食品成分データベース」、「NHK for school」、そして「英辞郎 on the WEB」などがある。

⑥ 電子図書館の活用

デジタル化された書籍（電子書籍）を学習者用コンピュータから利用できるクラウド型の電子図書

館サービス「LibrariE（ライブラリエ）」を2016年の実証実験段階から導入している（図5）。授業教材として図書資料を利用する場合に、同じタイトルを複数冊必要とするケースがある。複本での書籍購入は、館内の書架を逼迫させる原因にもなり、また、ガイドブックなど毎年改訂される書籍は、買い換え後の扱いに苦慮してきた。電子書籍であれば、その置き場所に悩む必要もなく、必要な数を用意することが容易である。また、授業での利用期間が限定されている場合は、その配信期間を3か月などに短縮することで書籍購入より費用が抑えられる場合もある。さらに、教材や校史関係の資料など自校で作成した独自資料もデジタル資料として搭載が可能であり、アクセス制限もないことから授業での活用が進んでいる。

4. ポータルサイトの活用

ネットワーク情報資源の利用性を高めるために、OPACとともにアクセス利用が容易になるよう、それらのリンクボタンを配した本校図書館オリジナルのポータルサイトを作成した（図6）。収録する各種データベースやそのリンクボタンの配置などは、本校の教育課程に基づき考えられている。このポータルサイトは、図書館内に限らず校内ネットワークに接続されたすべてのコンピュータから24時間いつでも利用が可能であり、図書館が提供する情報サービスを一元化した教具として生徒・教職員から日々活用されている。館内の学習者用コンピュータでは、ブラウザの初期画面をこのポータルサイトに設定することで、授業における情報探索の利便性を高め、その利活用が促進された。

5. おわりに

本校図書館におけるICTの活用は、教育課程における図書資料と電子資料の利用を促進させるとともに、収集した情報の記録・整理・分析、思考の可視化・提示までを包括し、学びの質を高めて、学校図書館をさらなる「学びの拠点」に進化させる原動力となった。

図5　電子書籍が利用できるChufu電子図書館

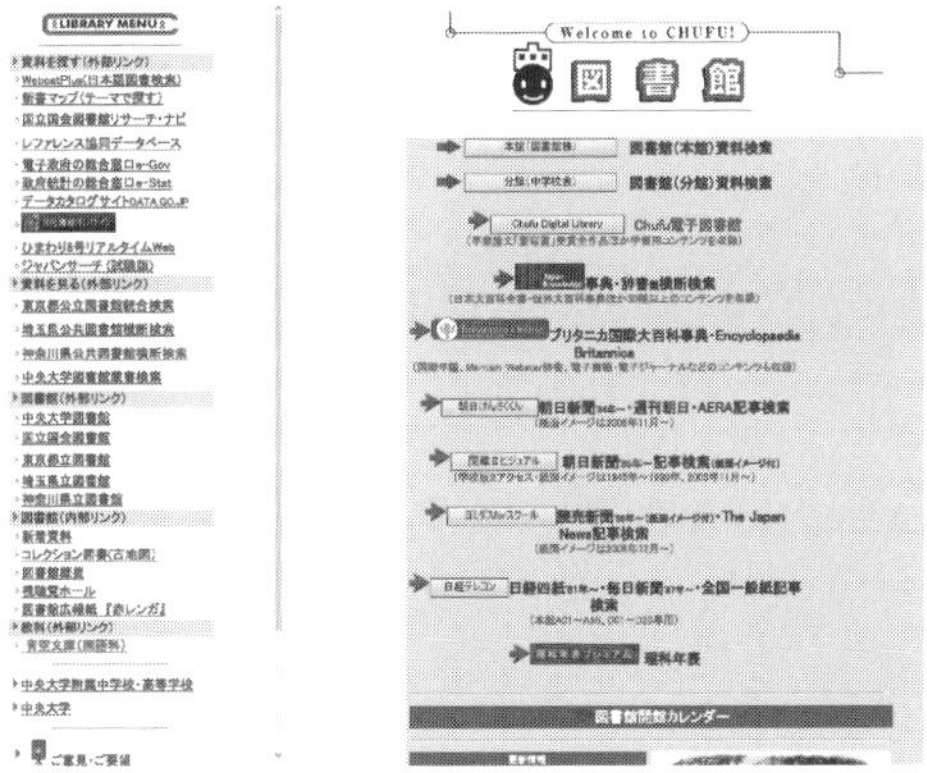

図6　図書館ポータルサイト

第5章　社会のグローバル化と学校図書館

いまから100年前、日本からアメリカやヨーロッパには船で何週間もかけて渡っていた。それがいまや飛行機で一両日のうちに移動が可能となった。交通手段の発達は、人々の国境を越えた移動を容易にした。また、前章で述べたように、情報通信技術の急速な発達によって、情報は瞬時に世界中をかけめぐるようになった。

こうした変化のなかで、当然、経済活動はもちろん、さまざまな社会活動や文化活動は、もはや一つの国のなかにとどまらず、世界規模で展開されるようになった。これをグローバル化やグローバリゼーション（globalization）と呼んでいる。

第1節　グローバル化する世界と日本

（1）国境を越えた人々の交流

今日の日本は、少子高齢化（第8章参照）の影響もあって、人口減少傾向にある。一方で、日本に住む外国にルーツのある人は増え続けている。一例として、法務省の出入国在留管理庁が発表した[1]2019年6月末現在の「在留外国人」の人数を見てみると、282万9416人となっており、半年前の前年末に比べて9万8323人増加している。出身国別に見ると、中国が最も多く78万6241人で、全体の27・8％を占めている。次いで、韓国の46万1543人（16・0％）、ベトナムの37万1755人（13・1％）、フィリピンの27万7409人（9・8％）、ブラジルの20万6886人（7・3％）などとなっている。また、在留資格別で見ると、「永住者」が最も多く78万3513人で、全体の27・7％である。次いで、「技能実習」の36万7709人（13・0％）、「留学」の33万6847人（11・9％）、「特別永住者」の31万7849（11・2％）、「技術・人文知識・国際業務」の25万6414人（9・1％）などであった。このうち、「技能実習」は半年前に比べて12・0％増、「技術・人文知識・国際業務」は13・6％増となっている。これらの在留資格での「在留外国人」の増加は、日本政府による2019年春からの外国人労働者の受け入れ拡大を反映しているものと思われ、今後もさらなる増加が予想される。

逆に、世界各国・地域に在留する日本人（「海外在留邦人」）も増えている。外務省が公表している「令和元年度版　海外在留邦人数調査統計」（２０１８年10月現在）[2]によると、「海外在留邦人」は１３９万３７０人で、前年に比べて３万６６２０人増えており、外務省が１９６８年にこの統計を取り始めて以降で過去最多となった。国別では、アメリカが最も多く44万６９２５人で、全体の32・０％を占める。次いで、中国の12万００７６人（８・６％）、オーストラリアの９万８４３６人（７・０％）、タイの７万５６４７人（５・４％）、カナダの７万３５７１人（５・２％）などであった。また、在留形態としては、「長期滞在者」が87万６６２０人（63％）、「永住者」が51万３７５０人（37％）となっている。「海外在留邦人」についても、今後も増え続けていくものと推察できる。

（２）グローバル化の影

このように日本に住む外国にルーツのある人、外国に住む日本人がともに増えている現状にあって、解決すべき課題も顕在化してきている。その一つに差別の問題がある。

差別の一つの形に「ヘイトスピーチ」がある。特定の国にルーツがあることのみを理由として、日本から追い出そうとするなどの一方的で不当な言動が「ヘイトスピーチ」である。法務省では、「ヘイトスピーチ」の例として、次のようなものを挙げている。[3]

①特定の民族や国籍の人々を、合理的な理由なく、一律に排除・排斥することをあおり立てるもの（「○○人は出て行け」、「祖国へ帰れ」など）
②特定の民族や国籍の人々に対して危害を加えるとするもの（「○○人は殺せ」、「○○人は海に投げ込め」など）
③特定の国や地域の出身である人を、著しく見下すような内容のもの（特定の国の出身者を、差別的な意味合いで昆虫や動物に例えるものなど）

まったくおぞましい言動であるが、こうした「ヘイトスピーチ」をする人が現にいるのである。対策として、日本では、2016年5月に「本邦外出身者に対する不当な差別的言動の解消の推進に向けた取組の推進に関する法律」（ヘイトスピーチ解消法）が制定された。この法律には、前文があり、そこには次のように記されている。「我が国においては、近年、本邦の域外にある国又は地域の出身であることを理由として、適法に居住するその出身者又はその子孫を、我が国の地域社会から排除することを煽動する不当な差別的言動が行われ、その出身者又はその子孫が多大な苦痛を強いられるとともに、当該地域社会に深刻な亀裂を生じさせている。もとより、このような不当な差別的言動はあってはならず、こうした事態をこのまま看過することは、国際社会において我が国の占める地位に照らしても、ふさわしいものではない。ここに、このような不当な差別的言動は許さないことを宣言するとともに、更なる人権教育と人権啓発などを通じて、国民に周知を図り、その理解と協力を得つつ、不当な差別的言動の解消に向けた取組を推進すべく、この法律を制定する」。

法律が制定された意義は大きい。しかし、法律だけでは十分ではない。なぜならば、差別は人々の無理解から生まれるものだからである。しっかりと異文化理解を深め、多文化共生に資する学びを充実することが必要である。

(3) グローバル化する現代に必要な学び

新しい「学習指導要領」では、グローバル化への対応として、外国語教育の一層の改善・充実が図られようとしている。2020年度から小学校3・4年生で「外国語活動」として、5・6年生で教科として英語が導入される。また、何年学んでも英語がしゃべるようにならないなどの批判もあり、全校種を通して、知識よりも実際のコミュニケーション重視への転換が図られようとしている。さらに、外国語活動・外国語教育においては、その目標の一つとして、例えば、中学校であれば「外国語の背景にある文化に対する理解を深め、聞き手、読み手、話し手、書き手に配慮しながら、主体的に外国語を用いてコミュニケーションを図ろうとする態度を養う」(「中学校学習指導要領解説　外国語編」)のように、「文化に対する理解」が目標の一つとして位置づけられている。グローバル化する社会において、コミュニケーションを通して異文化の相互理解を図ることはとても重要であり、その基礎を培う外国語活動・外国語教育の果たす役割は今後ますます大きくなるだろう。

ところで、外国語活動・外国語教育とはいっても、その内実は、英語活動・英語教育である。もちろん、日本はアメリカなど英語圏の国々との関わりが深く、また世界共通語ともいわれる英語を習得することの意義は誰もが認めるところであろう。しかし、異文化の理解といった側面から考えると、英語圏の文化の理解だけに特化することは、本当の意味での異文化理解とは言い難い。

異文化理解には、英語以外にも、世界にはさまざまな言語があり、文化があり、人々の暮らしがあることを学ぶことも欠かせない。こうした学びが多文化共生のベースとなる。学校教育においては、外国語活動・外国語教育のほかにも、社会科教育や「総合的な学習の時間」(高等学校では「総合的な探究の時間」)など、教育課程のさまざまな教科等で日本以外の国々について学ぶことが可能であり、教師も異文化理解・多文化共生という視点を常に意識して指導にあたっていくことが大切である。また、学校図書館が異文化理解・多文化共生に寄与できる点も大きい。詳しくは本章第5節で述べる。

第2節　増える外国にルーツのある子どもと日本語教育ニーズ

（1）外国にルーツのある子どもたちの現状

「日本経済新聞」は、2019年9月27日付の電子版で「外国籍児1万9千人が不就学か　文科省、初の全国調査」と題する記事を報じた。記事では、「文部科学省は27日、外国籍の子どもの就学状況について初めての全国調査の結果を公表した。日本に住む義務教育相当年齢の外国籍児12万4049人のうち、15・8％に当たる1万9654人が、国公私立校や外国人学校などに在籍していない不就学の可能性があることが判明した」などと記している。[4]

文部科学省が発表した「外国人の子供の就学状況等調査結果（速報）」を見てみると、記事にある1万9654人のほかにも、「出国・転居（予定含む）」が3047人おり、「国内転居後に不就学状態になっている者も含まれている可能性がある」と述べている。[5]

こうした実態をつかむ調査が初であることも驚きだが、何よりも2万人もの子どもが学校教育の機会のない状態に放置されたままになっている可能性があることに言葉を失う。外国人労働者受け入れ拡大を進める日本で、今後も外国にルーツのある子どもが増えることは間違いなく、国籍に関係なくすべての子どもへの就学機会の保障が求められる。

ところで、先の文部科学省の調査結果から外国にルーツのある子どもの学校への就学状況を見てみると、次の通りである。小学生相当年齢の子どもの84・8％が小学校（義務教育学校の前期課程、特別支援学校の小学部を含む）に、4・2％が「外国人学校」に就学し、残りの子どもが「不就学」「就学状況確認できず」「出国・転居（予定含む）」となっている。また、中学生相当年齢の子どもでは、83・4％が中学校（義務教育学校の後期課程、中等教育学校の前期課程、特別支援学校の中学部を含む）に、4・9％が「外国人学校」に就学しており、残りの子どもが「不就学」「就学状況確認できず」「出国・転居（予定含む）」であった。このように、外国にルーツのある子どもの就学先としては、地域の小学校、中学校が大半を占めていることがわかる。なお、「外国人学校」についいては、本章第3節で取り上げる。

（2）学校は日本語教育ニーズに応えられているか

外国にルーツのある子どもの大半は、地域の小学校などに就学している。地域の小学校などでは、当然、外国語教科以外は基本的に日本語で授業が行われている。日本に住んでからの年数や日本語教育歴などにもよるが、外国にルーツのある子どものなかには日本語での授業についていくことに困難のある子どもも少なくない。では、小学校などでは、どのように日本語教育のニーズに対応しているのだろうか。

「外国人の子供の就学状況等調査結果（速報）」を公表したのと同じ日に、文部科学省は「日本語指導が必要な児童生徒の受入状況等に関する調査（平成30年度）」の結果[6]も発表している。それによると、小学校などに就学している日本語教育が必要な外国にルーツのある子どもは2018年度で4万485人であり、10年前の2008年度の2万8575人から約1・4倍増加している（図5―1）。4万485人の学校種別内訳は、小学校2万6092人、中学校1万0213人、高等学校3677人、義務教育学校185人、中等教育学校41人、特別支援学校277人となっている。また、子どもの母語別内訳は、ポルトガル語1万0404人（25・7%）、中国語9600人（23・7%）、フィリピノ語7893人（19・5%）、スペイン語3786人（9・4%）、ベトナム語1836人（4・5%）、英語1087人（2・7%）、韓国・朝鮮語583人（1・4%）、その他の言語5296人（13・1%）となっており、ポルトガル語、中国語、フィリピノ語、スペイン語の4言語が全体の4分の3以上を占めている。

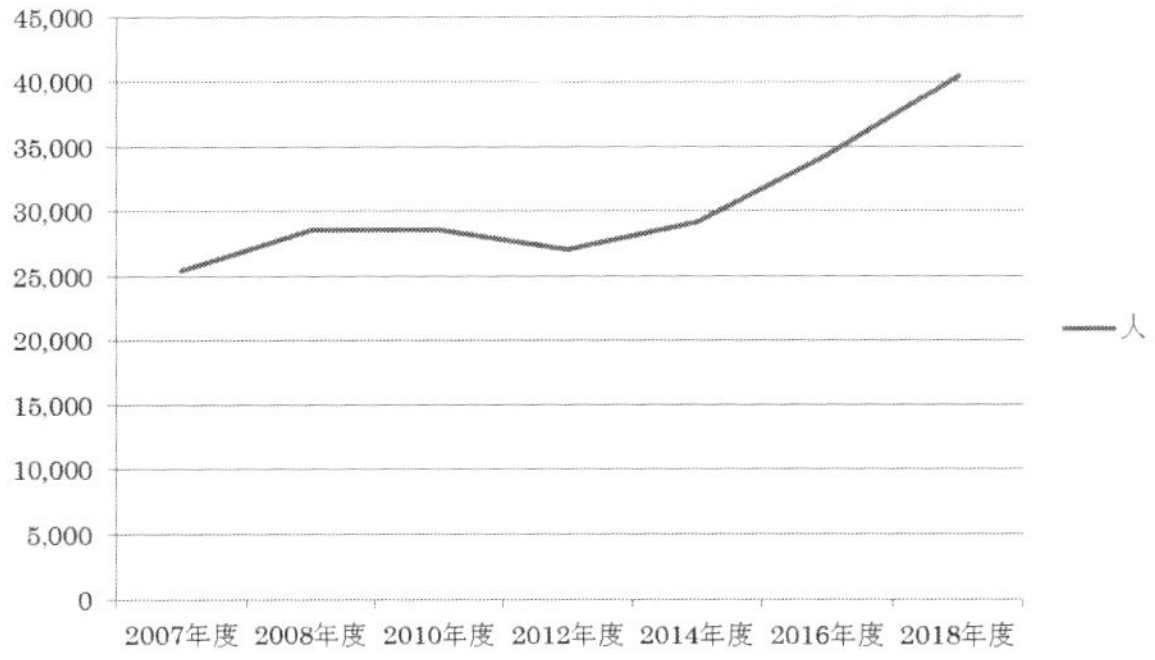

図5-1　日本語指導が必要な外国にルーツのある児童生徒数の推移

　ところで、日本語教育が必要な子どもは、外国にルーツ

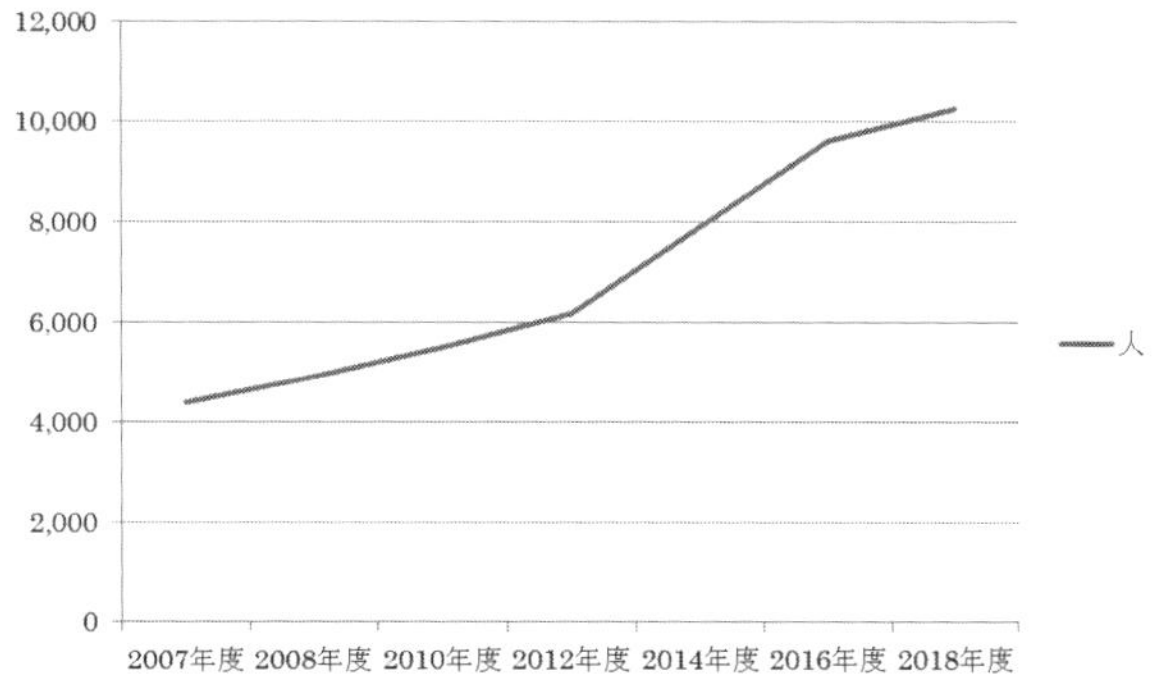

図5-2　日本語指導が必要な日本国籍の児童生徒数の推移

のある子どもだけに限らない。例えば、保護者の海外赴任で長期に外国にいた子どものうち、現地の学校やインターナショナルスクール（国際学校）に通っていた子どもでは、日本語よりも、英語や滞在した国の言語のほうが得意というケースもある。こうした子どもでは、日本に帰国したあと、日本語教育へのニーズが高くなる。また、日本国内で生まれ育ったものの、保護者の国際結婚などにより家庭内の使用言語が日本語以外である子どもや、日本国籍を含む二重国籍の子どもなども、日本語教育へのニーズが高いケースがある。先に紹介した「日本語指導が必要な児童生徒の受入状況等に関する調査（平成30年度）」では、「日本語指導が必要な日本国籍の児童生徒数」も調べている。その数は、２０１８年度で１万２２７４人であり、10年前の２００８年度の４８９５人から約２・２倍増加している（図５—２）。１万２２７４人の学校種別内訳は、小学校７５９３人、中学校２０５０人、高等学校４９５人、義務教育学校42人、中等教育学校42人、特別支援学校53人である。

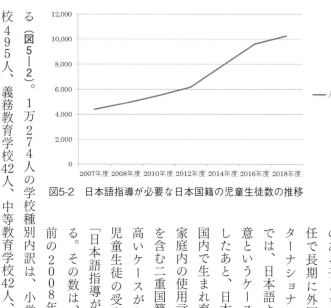

話を外国にルーツのある子どもの日本語教育に戻そう。「朝日新聞」の２０１８年6月24日付の朝刊に「特別支援学級に在籍する割合　外国人の子、日本人の2倍」と題する記事[7]が掲載された。ＮＰＯ法人国際社会貢献センターが２０１５年に行った調査結果をもとに報じたもので、記事では「ブラジル人ら外国人が多く住む地域の小学校で、外国人の子どもが日本人の2倍以上の比率で障害児らを教える特別支援学級に在籍していることが、民間団体の調査で分かった。日本語が十分にできないために障害があると判断され、特別支援学級に入れられている例もあるという、調査した団体は「実態把握と支援が必要だ」としている」などと述べている。

この記事は、日本語教育が必要な外国にルーツのある子どもに十分に対応できていない状況の一端を報じたものといえる。小学校などでは、「学校教育法施行規則」の規定に基づき、外国にルーツのある子どもに対して、通常の教育課程の一部の時間に替えて、「特別の教育課程」による日本語教育を行うことができることになっている。この「特別の教育課程」による日本語教育を行う場合、校内に「日本語学級」（国際学級）などの在籍学級以外の教室を設けて指導することになる。「日本語指導が必要な児童生徒の受入状況等に関する調査（平成30年度）」によると、外国にルーツのある子どものうち、学校内で日本語教育など特別な指導を受ける子どもは79・3％であり、そのなかで「特別の教育課程」による日本語教育を受けている子どもは59・8％であった。つまり、日本語教育が必要な外国にルーツのある子どもの全てが、「特別の教育課程」による適切な指導を受けられていない現状にある。先の新聞記事にあるような特別支援学級に入れてしまうという状況は、その典型であろう。日本語教育が必要な子どもが就学する学校における日本語教育の指導体制の整備が急がれる。

（3）学校図書館に求められる「多文化サービス」の視点

学校図書館はすべて子どもに開かれ、利用できる存在でなければならない。しかし、外国にルーツのある子どもや日本語教育が必要な子どものニーズに適った対応ができているであろうか。「ユネスコ・国際図書館連盟共同学校図書館宣言」（1999年）では、「学校図書館サービスは、年齢、人種、性別、宗教、国籍、言語、職業あるいは社会的身分にかかわらず、学校構成員全員に平等に提供されなければならない。通常の図書館サービスや資料が利用できない人々に対しては、特別のサービスや資料が用意されなければならない」としている。

この宣言の内容を実践する際に参考になるのが、公共図書館における「多文化サービス」である。すでに1970年代から取り組みがはじまっており、実践の蓄積もある。「多文化サービス」とは、「図書館の利用者集団の文化的多様性を反映させたサービス」のことであり、「外国語（もしくはマイノリティ言語）コレクションの構築および提供がサービスの中心」となるが「各国語の利用案内や館内掲示の作成、図書館協力、ＰＲなども含まれる。多文化サービスのための資料としては、外国語資料にとどまらず、マイノリティ住民がその地域の主要語を学ぶための資料、異文化相互理解のための資料なども不可欠なものとしてそろえる必要がある」[8]。

したがって、学校図書館としても、（1）子どもの母語で利用できる資料の提供、（2）子どもの日本語や日本文化の学習に資する資料の提供、（3）すべての子どもの異文化理解・多文化共生を深めるような取り組みの推進の3点については、特に留意して取り組んでいきたい。

まず、（1）子どもの母語で利用できる資料の提供について述べる。外国語活動・外国語教育（事実上の英語活動・英語教育）がどの学校種でも行われている関係もあり、学校図書館で英語の図書や視聴覚メディアなどの資料（メディア）を所蔵しているところは多い。しかし、すでに紹介した「日本語指導が必要な児童生徒の受入状況等に関する調査（平成30年度）」から明らかなように、英語以外の言語を母語としている子どもが大半を占める。

そこで、「日本語学級」の担任などとも連携を図って、就学する子どもの母語を把握し、母語で読む、見る、聞くことのできる各種資料（メディア）の収集と提供に努めたい。母語で出身国の、そして日本の文化、情報に触れることができるような環境を整えることは、外国にルーツのある子どもの学習権、読書権、そして知る権利を保障する意味合いからも重要だからである。

ただし、日本では、英語以外の言語、例えば、ポルトガル語や中国語などの出版物の流通は多くないのが現状である。流通していたとしても、高価であることも少なくない。そのため、収集して提供することは容易とはいえない。収集が難しい場合には、近隣の公共図書館などから借りて提供することも検討したい。外国語の子ども向け図書などをセット貸出ししてくれる公共図書館もある。

次に、(2)子どもの日本語や日本文化の学習に資する資料(メディア)の提供について述べる。外国にルーツのある子どもや日本語教育が必要な子どものなかには、日常会話はできても、日本語の読み、書きが十分にできず、学年相当の学習活動への参加に支障をきたしているケースが少なくない。にもかかわらず、「特別の教育課程」による日本語教育は必ずしも十分とはいえない。したがって、日本語や日本文化の学習に寄与する観点から、学校図書館として、平易な日本語で読む、見る、聞くことのできる各種資料(メディア)を収集し、提供することが大切である。当然、選書には日本語教育の専門的知見も必要であり、やはり「日本語学級」の担任などと協力しながら当たるようにしたい。

なお、(3)すべての子どもの異文化理解・多文化共生を深めるような取り組みの推進については、本章の最後に第5節で述べたい。

(4) 学校図書館における「多文化サービス」の現状

学校図書館おける「多文化サービス」の現状は、どうなっているのだろうか。実は、全国規模での調査は行われていない。そこで、ここでは、筆者らが神奈川県内の公立小学校のうち「日本語学級」（国際教室）設置校（特別の教育課程による日本語教育が行われている学校）189校の学校図書館を対象として行った調査の結果を紹介したい。[9] 調査は、2017年10月～11月にかけて郵送による質問紙調査として実施し、81校（42・9％）から回答があった（有効回答数78）。

調査の結果、学校図書館として外国にルーツのある子どもに対して「多文化サービス」を提供している学校は25校（32・1％）であった。このうち、外国にルーツのある子どものための資料（メディア）を収集・提供している学校は13校（52％）であり、1年間の収集冊数は10冊以下が6校と約半数を占めた。一方で、17冊、20冊という回答の学校図書館もあった。

外国にルーツのある子どものための資料（メディア）を収集・提供していると回答した13校に、その内容についてたずねた。その結果、日本語による日本事情・日本文化紹介に関するものが7校で収集され、最も多かった（図5―3）。全体として、日本語の資料（メディア）が多く、母語で書かれた資料（メディア）を収集する学校は少なかった。母語の資料（メディア）を収集している場合、最も多く収集している言語は英語（6校）、次いで、中国語（5校）であった。

学校図書館として「多文化サービス」を実施する上で課題があると回答した学校は、25校のうち13校（52％）であった。この13校のうち、さまざまな言語（多言語）の資料（メディア）の不足（日本での入手の困難さ）を課題に挙げた学校が7校と最も多かった（図5―4）。これに関連して、「英語の資料は比較的いろいろなものがあるが、ポルトガル語などは少ない気がする」という意見を自由記述で寄せた学校図書館もあった。

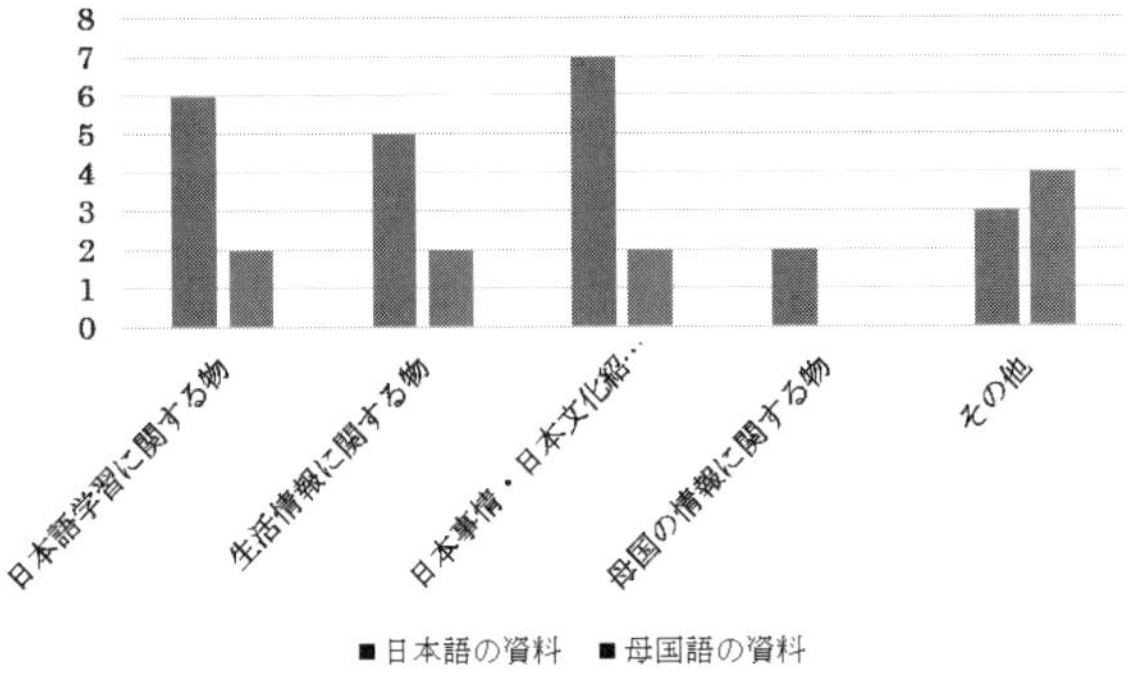

図5-3　収集・提供している資料(メディア)内容

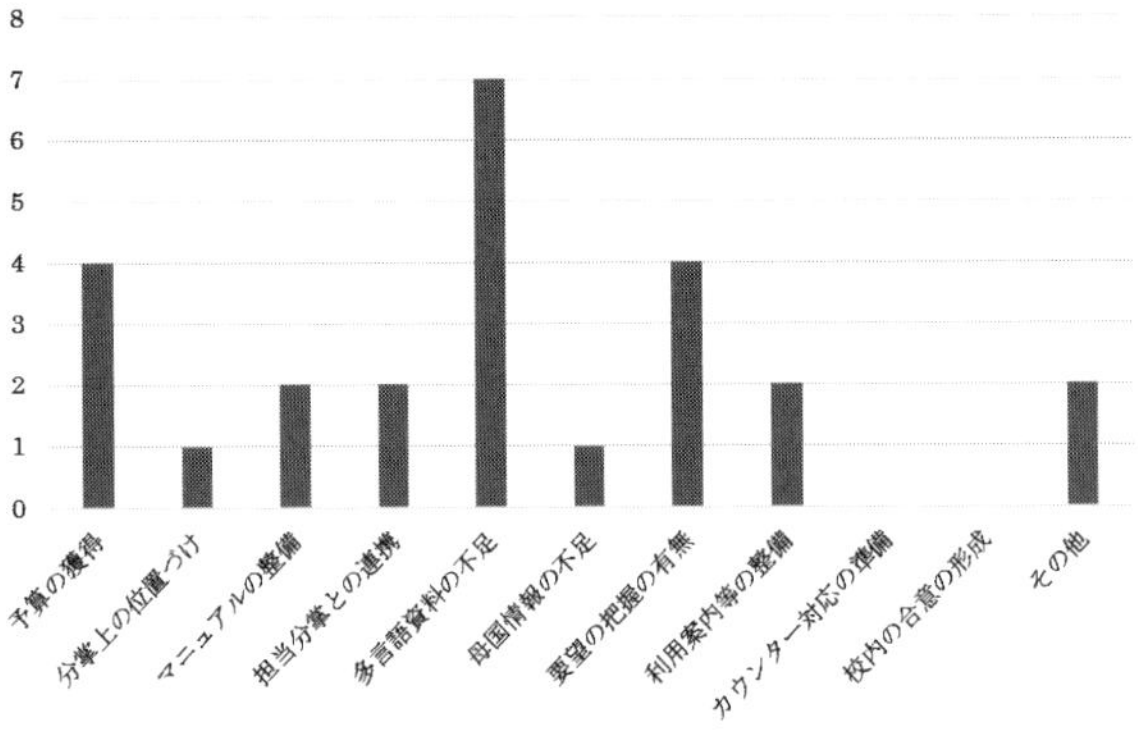

図5-4　「多文化サービス」実施上の課題

学校図書館として「多文化サービス」を実施していない学校53校には、実施していない理由とこれからの実施予定についてたずねた。実施していない理由としては、53校のうち23校（43・4％）が「人手不足」を挙げ、最多となった（図5—5）。

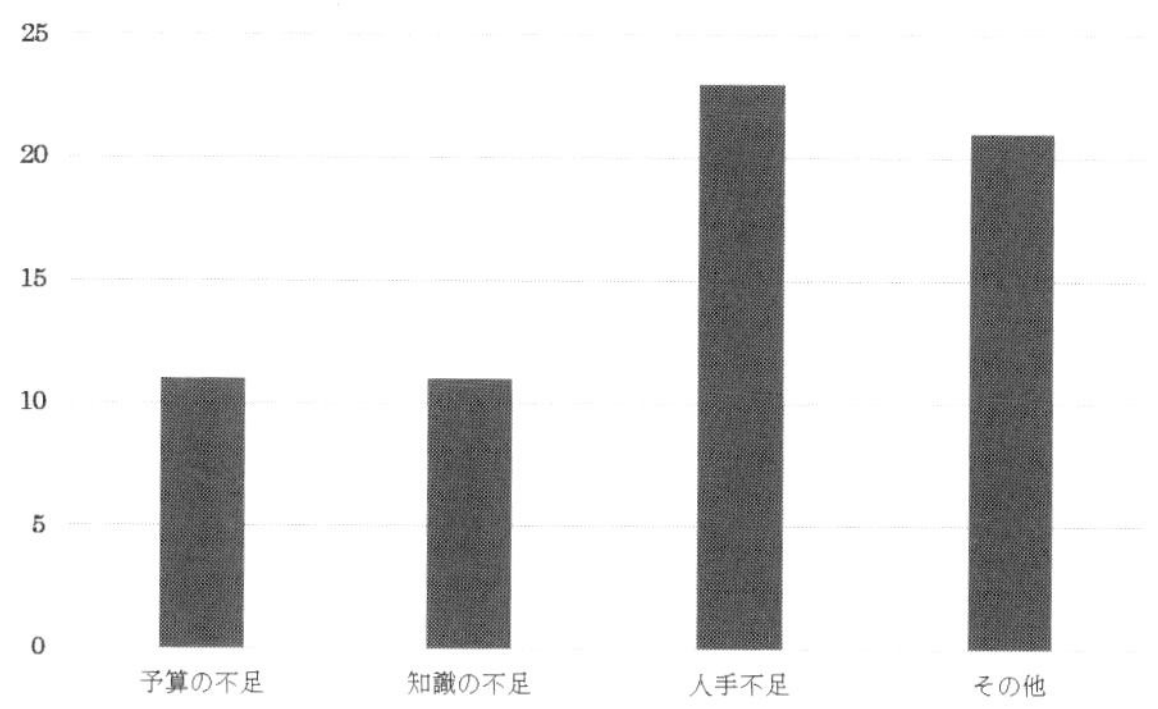

図5-5　「多文化サービス」を実施しない理由

「人手不足」を挙げた学校では、学校図書館の担当者数が2人というところが最も多く、13校あった。2人の内訳としては13校のうち10校までが司書教諭1人、学校司書1人との回答であった。また、「その他」として「国際教室があるから」「国際教室が担当しているから」といった回答や、「特に必要ない」「不自由がない」「対象児童に困り感がない」といった回答も多く見られた。今後、学校図書館として「多文化サービス」を実施する予定があると回答したのは、53校のうち10校（18・9％）に過ぎなかった。

以上の学校図書館における「多文化サービス」の現状をみると、「多文化サービス」の認識や必要性自体が学校のなかでまだ高まっていないことがうかがわれる。ただし、この調査結果は、一地域の公立小学校に絞っての調査であり、この結果をもって全国的に同様の傾向にあるとは必ずしもいえない。今後、同種の調査が全国規模で実施されることが望まれる。

(5) 夜間中学や定時制高校での学びの保障

人数としては少ないが、学齢期を過ぎた外国にルーツのある人が中学校や高等学校に入学し、日本語教育を受けるケースもある。その場合の入学先となっているのが中学校夜間学級(いわゆる夜間中学)や定時制高等学校である。例えば、東京都内のある夜間中学では、2017年度の在籍生徒のうち約半数が外国にルーツのある人となっている。また、夜間中学や定時制高校には、学齢期を過ぎた帰国者も学んでいる。例えば、中国等残留孤児で帰国後に夜間中学や定時制高校に入学した人などである。

定時制高校については、2018年度の時点で全国に639校設置(全日制課程などとの併設を含む)されており、外国にルーツのある人に限らず、多様な背景をもった生徒が学んでいることはよく知られている。こうした生徒に対する学校図書館としての関わりに言及した実践報告や論考は少数ながら以前から発表されてきた。例えば、成田康子[10]の「定時制生徒と図書館」から、その様子を覗いてみたい。

全日制の学校司書である成田にとって、定時制生徒の登校時間は、自身の退勤時間と「ちょうど入れ替わりの時間帯」である。つまり、定時制には学校司書が置かれていないのである。それでも、成田は、全日制の生徒も定時制の生徒も同じ高校の生徒であり、「図書館をできる限り利用してもらいたいという願いから」、定時制の教頭先生に申し入れて3年前から定時制の新入生にも図書館オリエンテーションの時間を設けている。しかし、退勤時間の関係もあり、「開館時間延長に苦慮する。（全日制の）図書局の生徒が活動しているときは夜7時ころまでは対応できる。毎日とはいかないまでも、図書館前に開館予定表を貼ってやりくりする方法をとってきた」。

学校図書館にはさまざまな生徒がやってくる。「週に何度も図書館に来て本を借りる定時制の女子生徒もいる。かれこれ3年の付き合いになる」。また、「迷い込むようにやってきた二人の女子生徒は、アルバイト採用の面接の帰りだという。全日制の放課後になるまで質問したりされたりと、1時間ほどおしゃべりをしていった」。成田は、一人の生徒Aさんのことを詳しく紹介している。40歳代と思われるAさんは、始業前に毎日図書館にやってきては全日制の生徒と肩を並べるように勉強していた。「家事を済ませ、夕飯の準備をして出かけてくるのだ」という。ところが、Aさんを見かけない日が続くようになった。そんな夏のある日の夕方、「和服姿の女性が図書館の入り口にたたずんでいる」。Aさんだった。むかし勉強したくてもできなかったこと、高校だけは卒業したいと思って定時制を受けたこと、勉強して卒業認定試験を受けて合格できたことなどを話してくれたという。「今日はひと言ご挨拶に来ました。退学することにしたものですから。こんな図書館はないです。いつもあたたかく迎えてくれて。本当にお世話になりました」。

一方で、夜間中学については、2019年度の時点でも、関東と関西を中心に全国9都府県に33校が設置されているに過ぎない。2014年4月に、各都道府県に最低でも1校の夜間中学の設置などを求めて、超党派の国会議員による「夜間中学等義務教育拡充議員連盟」が発足した。そして、2016年12月に、夜間中学の設置促進などを盛り込んだ「義務教育の段階における普通教育に相当する教育の機会の確保等に関する法律」が制定された。今後、設置が進むことが期待される。ほとんどの夜間中学は、原則として、校舎も設備も昼間の中学校と共用であり、学校図書館も同様である。しかし、夜間中学における学校図書館の実践に関しては、報告も実態調査もなく、詳らかとなっていない。今後を展望するためにも、現場からの報告とその共有化が求められる。

第3節　日本にある「外国人学校」を知る

(1)「外国人学校」とは

日本に住む外国にルーツのある子どものなかには、「外国人学校」に通う子どももいる。「外国人学校」とは、そういう名称を定めた制度があるわけではなく、「一般には在日外国人の子どもを対象に教育活動を行っている機関[11]」の総称である。「外国人学校」には、日本人を含むさまざまな国籍の子どもを受け入れる「インターナショナルスクール」（国際学校）や、朝鮮学校や中華学校などのようにルーツのある民族の教育を重視する「民族学校」などが含まれる。「民族学校」には、朝鮮学校が最も多く、ほかにも韓国学校、中華学校、ドイツ学校、ブラジル学校など、さまざまな学校がある。

「外国人学校」は、すべて私立であり、都道府県知事の認可を受けた学校とそうでない学校がある。前者のなかには「学校教育法」第1条に定める学校（小学校、中学校、高等学校など）となっているところもあるが、ほとんどは「学校教育法」第134条に定める各種学校という位置づけである。以前は、日本の大学への入学資格が認められていなかったが、2003年の「学校教育法施行規則」などの一部改正によって、大学への入学資格が認められる「外国人学校」の要件が定められた。

現在、日本にある「外国人学校」の数は、認可を受けた学校だけで100を少し超える程度であり、認可を受けていない学校の実数については文部科学省でも十分に把握し切れていないようである。教育環境の整備や学校運営の安定化など課題を抱える「外国人学校」は多く、とりわけ認可を受けていない学校の認可取得が喫緊の課題の一つとされる。[12]

こうしたなかで、「外国人学校」同士のネットワークづくりを進める動きもある。例えば、インターナショナルスクール、朝鮮学校、中華学校、ドイツ学校、ブラジル学校など20近い「外国人学校」がある神奈川県では、2010年2月に「個々の学校単独では、解決が困難な事柄でも、ネットワークを活かせば関係者の協働も可能だと考え」、市民有志で「外国人学校ネットワークかながわ」が設立された。[13]設立宣言では、「すべての子どもたちは、将来その能力を発揮することを通じて、多文化社会を創造する可能性を宿しています。固有な民族や言語や文化の遺産を継承した子どもたちは、その出会いと協働を通じていっそう豊かな多文化社会を形成するでしょう。神奈川の外国人学校は、その未来に向かって子どもたちの教育をいま支えています」とした。設立以来、県内の「外国人学校」の訪問や「外国人学校」関連の映画の上映会、多文化共生イベントへの参加などの活動を展開している。

（2）「外国人学校」の学校図書館

「外国人学校」の学校図書館についてはどうだろうか。日本における「外国人学校」の学校図書館を調査した研究は、いまのところない。事例報告についてはいくつか見られる。ここでは、少し古い報告にはなるが、小林功による報告[14]から横浜にある東京横浜独逸学園の学校図書館の事例を紹介したい。

東京横浜独逸学園は1904年に創立されたドイツ学校で、関東近県に住むドイツ、オーストリア、スイスの子どもや、ドイツ語圏から帰国した日本人の子どもなどが通っている。日本の学校で言えば3教室分の広さの学校図書館は、専門の司書1人と複数の保護者ボランティアで運営されている。蔵書数は約1・9万冊、ほかに視聴覚メディア（映像、音楽）をあわせて1500タイトルほど所蔵している。カウンターの上には、コーヒー、紅茶、スープ、ポタージュの入ったバスケットが置いてあり、どれも100円で飲むことができる（セルフサービス）。日本の学校図書館では「館内飲食厳禁」が一般的だが、ここはそうではない。館内には、絵本コーナー、ブラウジングコーナー、コンピュータコーナーなどがあるが、ほぼ間仕切りのないオープンスペースとなっている。ただし、1か所だけパーテーションで仕切られたスペースがあり、そこには貴重書が置かれているほか、15席ほど用意されており、ラテン語などの少人数の授業でも利用されている。授業利用は、ほかのスペースでも盛んに行われている。授業利用の際に、事前の連絡はまったくなく突然生徒がやってくるが、それが日常となっている。司書は、この学校の学校図書館について、「本校の生徒は自分の意志や希望とはかかわりなく、親の仕事の都合で外国（日本）で学ぶことを余儀なくされているのです。彼らは書店やコンビニで気軽にドイツ語の本を手に入れるというわけにはいきません。外国で暮らす子どもたちにとって、この図書館は灯台の役割をはたしているのです」と語っている。

第4節　外国にある「日本人学校」と「補習授業校」を知る

(1)「日本人学校」と「補習授業校」とは

保護者の海外赴任などで外国に住む日本人の子どもは、グローバル化の進展に伴って増加している。こうした子どもは、現地の学校に通うケース、現地のインターナショナルスクール(国際学校)に通うケース、「日本人学校」に通うケース、現地の学校やインターナショナルスクールなどに通いながら放課後や週末に「補習授業校」に通うケースなど、さまざまな形で学校教育を受けている。このうち、「日本人学校」と「補習授業校」に「私立在外教育施設」を加えた3つの学校種をあわせて「在外教育施設」と文部科学省では称している。

「日本人学校」とは、「海外に在留する日本人の子どものために、国内の小・中学校における教育と同等の教育を行うことを目的とする全日制の教育施設」[15]のことであり、文部科学大臣から日本の小学校、中学校、高等学校と同等の教育課程を有していると認定された学校である。現地の日本人会などが設置・運営する「日本人学校」がほとんどだが、教師は文部科学省から派遣されており、公的な性格を持つといってよいだろう。また、後述する「補習授業校」から移行した学校も多い。近年は、日本人だけでなく、現地の子どもの受け入れや、現地の学校との交流を進める学校も多い。1956年にタイのバンコクに設置された学校が「日本人学校」のはじまりである。2015年の時点で世界の51か国・地域に89校が設置され、約2・1万人の児童生徒が学んでいる。[16]なお、文部科学省から日本の小学校、中学校、高等学校と同等の教育課程を有していると認定された学校ではあるものの、日本の学校法人が母体となって設置・運営する全日制の私立学校を「日本人学校」とは分けて「私立在外教育施設」と呼んでいる。2015年の時点で世界に8校設置されている。

「日本人学校」に比べると聞き慣れないのが「補習授業校」であろう。「補習授業校」とは、「週日に現地校ないし国際学校に就学している日本人の子どもに対して、土曜日や放課後などを利用して、日本国内の小・中学校（場所によっては幼稚部や高等部を設置しているところもある）の一部の教科の授業を行う施設」[17]のことである。授業は日本語で行われる。また、教科としては国語がすべての「補習授業校」で指導されているほか、算数・数学、社会などを指導するところが多い。いずれの教科も、日本国内で用いられている文部科学省検定済教科書を用いて指導が行われている。「日本人学校」同様に、設置・運営の主体は現地の日本人会などである。1958年にアメリカのワシントンに設置されたのが「補習授業校」の最初である。2015年の時点で世界53か国・地域に205校が設置されており、約2万人の児童生徒が学んでいる。[18]

（2）「日本人学校」の学校図書館

「日本人学校」の学校図書館についても、その実態を知る網羅的な調査研究は行われていない。ここでは、2つの事例報告から、学校図書館の様子を見てみよう。一つは、松本美智子によるアメリカ・ニューヨーク日本人学校の学校図書館についての事例報告、[19]もう一つは倉橋智子によるシンガポール日本人学校の学校図書館についての事例報告[20]がある。

ニューヨーク日本人学校は、1975年に創立された北米で最も古い日本人学校である。「ニューヨーク日本人教育審議会」が設置・運営している。文部科学省から派遣された教師が日本の「学習指導要領」をもとに日本語で指導するとともに、現地採用した教師による英語の授業も行っている。初等部、中等部、アップル学級（特別支援学級）にあわせて約170人の子どもが学んでいる。報告者の松本は、この学校の特徴を4点でまとめている。①アメリカにいながら日本の教育課程に沿って授業が行われている。②アメリカ社会を学ぶ授業が週に1時間ある。③全学年において英語教育に力を注いでいる。④全員バス通学と決められており、全員同じ時間に登下校するため、1年生から9年生まで同じ授業時間数である。

ニューヨーク日本人学校の学校図書館は、2名の教師（初等部、中等部から1人ずつ）が兼務で運営にあたっており、学校司書の配置はない。20人ほどのボランティアの登録があり、週に1回、本の整理、館内の飾り付け、英語の本のレベル分けなどを行っている。3教室分くらいの広さがあり、図書コーナーとパソコンコーナーに分かれている。パソコンコーナーにはパソコンが35台用意されている。館内では、同時に2クラスの授業が行える。蔵書冊数は約1万冊で、雑誌と新聞は置いていない。年間の図書購入費は4000ドル（約40万円）である。課題は、調べるための本が少ないため、インターネットを用いた調べ学習が多くなってしまうことである。3年くらいで日本に帰国する子どもが多いので、各家庭でも日本語に触れようという意識が高く、読書には熱心である。

次に、シンガポール日本人学校である。同校は、小学部2校（クレメンティ校、チャンギ校）、中学部1校から構成されている。小学部クレメンティ校に児童約820人（30クラス）、小学部チャンギ校に児童約920人（31クラス）、中学部に450人（17クラス）の規模である。ICT教育と英語教育に力を入れている。こうした教育方針に対応できるように、各校舎の学校図書館ではwi—fiを完備し、さまざまなサポートを行っている。

報告者の倉橋は、小学部クレメンティ校の学校司書を務めている。小学部クレメンティ校には、学校図書館が2か所（低学年用と中・高学年用）あり、別々の建物に設けられている。蔵書数は1・6万冊、ほかに雑誌と新聞も購読している。「図書」の時間に、ボランティアによる読み聞かせを行っている。英語教育に力を入れる教育方針と協調し、英語の本の読み聞かせを含める場合もあり、その場合には英語科の教師が読み聞かせをすることもある。ICT教育に呼応して、学校図書館内で調べ学習を行う際には、学校司書が教師をサポートしながら、情報リテラシーや情報モラルの助言や補助をしている。日本と同じように、図書委員会の活動が行われている。タブレット端末を使って、年度初めの図書館オリエンテーション用の「図書館の使い方」ビデオを図書委員会の子どもたちが作成している。

小学部チャンギ校の学校図書館も低学年用と中・高学年用の2つがあるが、両図書館は吹抜けのテラスを介して行き来することができる。蔵書数は約2万冊であり、大活字図書も所蔵している。低学年用図書館には、ブラックライトを使用したパネルシアターも行える読み聞かせ専用ルームがあり、「図書」の時間などに利用されている。また、中学部の学校図書館は、蔵書数1・1万冊で、シンガポールに関する資料や進路用の資料なども所蔵している。図書委員会では、休み時間の本の貸出作業の手伝いのほか、半年に1回選書にも参画している。

第5節　異文化理解・多文化共生を支える学校図書館

グローバル化する現代、そしてこれからを生きる子どもたちが異文化理解を深め、多文化共生していくことは、とても重要である。このことも、「ダイバーシティ　アンド　インクルージョン」といえる（第3章第4節参照）。とりわけ、外国にルーツのある子どもが学ぶ学校においては、その子どもにルーツのある国・地域の言語や文化の理解を全校で深める取り組みをすることで、その子どもが安心して学校生活を過ごせるようになる。学校図書館には多様な資料（メディア）が所蔵されており、それらを活用して意識的に異文化・多文化に関する展示や、読み聞かせ、ブックトークなどを行うことで、異文化理解・多文化共生に資することが可能である。

東京・上野公園にある国立国会図書館国際子ども図書館では、外国語の子ども向け図書などを多数所蔵しており、「学校図書館セット貸出し」事業も行っている。「世界を知るセット」「東アジアセット」「東南アジア・南アジアセット」「ヨーロッパセット」など17種類の「国際理解セット」が用意されており、約50冊からなる各セットには各地域の言語で書かれた子ども向け図書とその日本語訳作品が含まれている。そのため、異文化理解・多文化共生の深化に効果的である。多くの学校図書館で利用してほしい。利用方法については、国立国会図書館国際子ども図書館のウェブページ（http://www.kodomo.go.jp）を参照されたい。

また、近隣に「外国人学校」がある場合には、その学校や学校図書館との交流や連携を意識的に行ったり強化することも、異文化理解・多文化共生に大きく寄与する。ぜひ、その可能性を探ってみてほしい。

注・引用文献

（1）法務省「令和元年6月末現在における在留外国人数について（速報値）」法務省ウェブサイト（http://www.moj.go.jp/nyuukokukanri/kouhou/nyuukokukanri04_00083.html）（最終アクセス：2020年4月30日）

（2）外務省「海外在留邦人数調査統計　統計表一覧」外務省ウェブサイト（https://www.mofa.go.jp/mofaj/toko/page22_000043.html）（最終アクセス：2020年4月30日）

（3）法務省「ヘイトスピーチに焦点を当てた啓発活動」法務省ウェブサイト（http://www.moj.go.jp/JINKEN/jinken04_00108.html）（最終アクセス：2020年4月30日）

（4）「外国籍児1万9千人が不就学か　文科省、初の全国調査」『日経電子版』2019年9月27日配信

（5）文部科学省総合教育政策局男女共同参画共生社会学習・安全課「外国人の子供の就学状況等調査結果（速報）」、2019年

（6）文部科学省総合教育政策局男女共同参画共生社会学習・安全課「『日本語指導が必要な児童生徒の受入状況等に関する調査（平成30年度）』の結果について」、2019年

（7）平山亜理「特別支援学級に在籍する割合　外国人の子、日本人の2倍」『朝日新聞』2018年6月24日付朝刊

（8）日本図書館情報学会用語辞典編集委員会編『図書館情報学用語辞典（第4版）』丸善出版、2013年、146―147頁

（9）野口武悟・野口史奈「学校図書館における多文化サービスの現状――神奈川県内の国際教室設置小学校を対象とした調査から」『学校図書館』816号、2018年、67―70頁

（10）成田康子「定時制生徒と図書館」『出版ニュース』2328号、2013年、22頁

（11）嶺井明子「外国人学校」今野喜清・新井郁男・児島邦宏編『新版　学校教育辞典』教育出版、2003年、70頁

（12）一般社団法人自治体国際化協会「外国人学校を知る」多文化共生ポータルサイト（http://www.clair.or.jp/tabunka/portal/grow/elementary_school.html）（最終アクセス：2020年4月30日）

（13）大倉一郎・藤代将人「「外国人学校ネットワークかながわ」3年間の活動をふりかえって」『自治体国際化フォーラム』282号、2013年、36―37頁

（14）小林功「ドイツの教育理念を具現化する知の灯台」『学校図書館』675号、2007年、40―42頁

（15）見世千賀子「日本人学校」今野喜清・新井郁男・児島邦宏編『新版　学校教育辞典』教育出版、2003年、564頁

（16）文部科学省「CLARINETへようこそ――在外教育施設の概要」文部科学省ウェブサイト（https://www.mext.go.jp/a_menu/shotou/clarinet/002/002.htm）（最終アクセス：2020年4月30日）

（17）佐藤郡衛「海外子女教育」今野喜清・新井郁男・児島邦宏編『新版　学校教育辞典』教育出版、2003年、68頁

（18）前掲（16）

（19）松本美智子「（海外レポート）ニューヨーク日本人学校の学校図書館」『学校図書館』772号、2015年、87―91頁

（20）倉橋智子「シンガポールの学校図書館――日本人学校と公立小学校」『学校図書館』814号、2018年、40―43頁

参考文献

全国学校図書館協議会監修『司書教諭・学校司書のための学校図書館必携――理論と実践（改訂版）』悠光堂、2017年

第6章　進展する公共サービスの市場化と学校図書館

「県立」や「市立」の施設で働く職員はみな公務員と思っている人がいるかもしれない。確かに、かつてはそういう時代もあった。しかし、いまや多くの公共施設で業務の一部や運営そのものがアウトソーシングされる時代となった。公共事業・サービスの市場化の流れといってもよい。

詳しくは後述するが、アウトソーシングの手法には、業務委託やＰＦＩ、指定管理、市場化テストなど複数存在する。例えば、「市立○○博物館」の窓口業務は「株式会社××」の社員が担っている（業務委託）とか、名称は「□□市立病院」であるが実際の運営全般は「学校法人△△医科大学」に任されている（指定管理）などである。こうしたアウトソーシングについては、さまざまなメリットが盛んに喧伝される一方で、多くのデメリットも指摘されている。

こうした流れに、さすがに学校は無関係と思われる人もいるかもしれない。しかし、そうではない。学校においても給食業務や警備業務の民間事業者等への業務委託は広く行われている。学校のなかにある学校図書館の運営業務についても、いまや業務委託する地方公共団体（以下、自治体）が存在する。

第1節　進む公共施設のアウトソーシング

（1）アウトソーシングの経緯と賛否

業務改善を進めるべく、行政庁舎内の清掃などを中心に一部業務の外部への「委託化」が都市部の自治体などではじまるのは、1960年代後半からである。同じ時期には、「第三セクター化」というアウトソーシングの手法も導入される。

1983年に発足した国の第一次臨時行政改革推進審議会は、地方自治体に対して、行財政の減量化・効率化・歳出抑制を強く求める意見を出した。これを受けて、国は、1985年1月に「地方行革大綱」を策定し、各自治体に自主的に「行政改革大綱」を策定することを求めた。(1) この「地方行革大綱」のなかでは、「民間委託」や「会館等公共施設の設置及び管理運営の合理化」などが示された。これを受けて、「民間委託」の流れが全国の自治体にも広がりを見せるようになる。

1990年代後半になると、新たなアウトソーシングの手法が相次いで制度化されていく。具体的には、1999年のPFI、2003年の指定管理者制度、2006年の市場化テストなどである。2005年3月には、国は「地方公共団体における行政改革の推進のための新たな指針」を策定し、各自治体に対して、行政改革の具体的な取り組みと数値目標などを盛り込んだ計画の策定と公表を求めた。この指針では、「アングロサクソン系諸国で実践されているニューパブリックマネジメント（NPM）的な自治体観が提示された」。[2] NPMについては定まった定義は存在しないが、大藪俊志は、公共部門における経営管理に民間企業における経営管理の手法（アウトソーシングなど）と感覚（顧客志向主義など）を導入し、3つのE（Economy：経済性、Efficiency：効率性、Effectiveness：有効性）の実現を目指すものとその要点をまとめている。[3] また、この指針のなかでは、主要事項の一つとして「地方公共団体における行政の担うべき役割の重点化」を挙げており、具体的には「民間委託等の推進」「指定管理者制度の活用」「PFI手法の適切な活用」「独立行政法人制度の活用」「地方公営企業の経営健全化」「第三セクター抜本的見直し」「地方公社の経営健全化」「地域協働の推進」「市町村への権限移譲」「出先機関の見直し」を挙げている。[4]つまり、アウトソーシングを前提とした行政改革の方向性が示されているのである。

PFIとは、Private Finance Initiativeの略で、民間資金主導ともいわれる。1999年7月に制定された「民間資金等の活用による公共施設等の整備等の促進に関する法律」（PFI法）により制度化された。内閣府の説明によると、PFIは、「公共施設等の建設、維持管理、運営等を民間の資金、経営能力及び技術的能力を活用して行う新しい手法」であり、「国や地方公共団体等が直接実施するよりも効率的かつ効果的に公共サービスを提供できる事業」に導入するとしている。また、導入することで「国や地方公共団体の事業コストの削減、より質の高い公共サービスの提供を目指」すとも述べている。(5)

ＰＦＩの導入状況については、内閣府の調査(6)によると、２０１９年３月現在で７４０事業となっている。分野別で最多なのは公立図書館も含まれる「教育と文化」分野で２４０事業（32・4％）、次いで道路や公園などの「まちづくり」分野で１７１事業（23・1％）、医療施設や斎場などの「健康と環境」分野の１１３事業（15・3％）などとなっている。

指定管理者制度とは、公共施設の管理・運営を株式会社などの民間事業者等に包括的に代行させることができる仕組みであり、２００３年６月の地方自治法の一部改正により制度化された。総務省自治行政局長が２０１０年12月に発出した通知「指定管理者制度の運用について」では、「民間事業者等が有するノウハウを活用することにより、住民サービスの質の向上を図っていくことで、施設の設置の目的を効果的に達成するため」の制度であると説明している。(7)

指定管理者制度の導入状況について、２０１９年５月に公表された総務省の調査結果(8)によると、指定管理者制度が導入されている施設は全国で７万６２６８施設であり、そのうち４割の施設で民間事業者（株式会社、ＮＰＯ法人、学校法人、医療法人など）が指定管理者となっている。指定管理の期間は5年が7割と大半を占めている。導入している施設の種類としては、公園や公営住宅、駐車場などの基盤施設が34・4％と最も多く、次が公立図書館や博物館などの文教施設の20・2％、3番目が体育館やプールなどのレクリーション・スポーツ施設の19・8％となっている。

市場化テストとは、官民競争入札等のことで、2006年5月に制定された「競争の導入による公共サービスの改革に関する法律」により制度化された。総務省は、官民競争入札とは、「公共サービスについて、「官」と「民」が対等な立場で競争入札に参加し、質・価格の観点から総合的に最も優れた者が、そのサービスの提供を担う仕組み」であると説明している。また、この制度のねらいとして、「公共サービスの実施について、民間事業者の創意工夫を活用することにより、国民のため、より良質かつ低廉な公共サービスを実現[9]」することであるとしている。国での実施がメインであるが、徐々に自治体でも実施が広がりつつある。

以上のようなアウトソーシングの手法について、喜多見富太郎は、次のような図（図6－1）に整理している。この図について、「行政と地域の役割分担、公務員による直接実施の必要性、独立採算性、公共性といった自治体組織と地域社会の境界線の再設定に関する空間設計上の判断分岐を通じて、古典的な自治体組織、地域社会のリソース（地域機能）を自治体組織に内部化した「自治体組織としての新しい公共」、自治体組織を地域社会に外部化した「地域としての新しい公共」という公共サービス提供主体に関する3つの空間の境界が再設定されている[10]」と喜多見

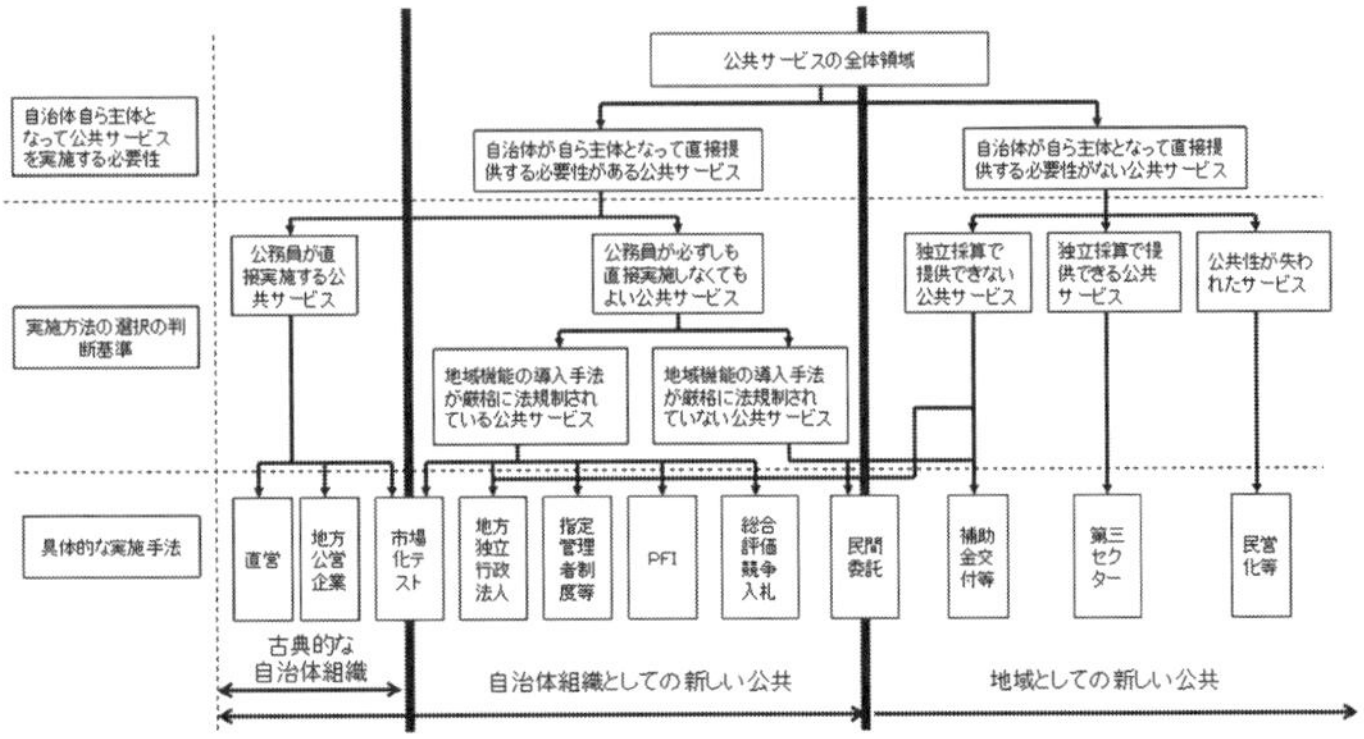

図6-1　アウトソーシング制度の設計構造　（出典：喜多見富太郎「公共サービスイノベーションの変遷と改革の諸相」『サービソロジー』第2巻第1号、2015年、6頁の図1）

は説明している。

　こうしたアウトソーシングの手法に対しては、当然ながら、メリットとデメリットがある。どちらを重視するかで賛否が分かれる。一例として、齋藤彬子の論稿[11]から指定管理者制度に限ってメリットとデメリットを整理してみる。

【メリット】

・民間事業者として蓄積したノウハウや企画・アイデアを生かすことで、多様化する住民のニーズに応えやすくなり、従来の自治体にはないサービスを提供することができる

・指定管理者による魅力的な自主事業や地域向けイベントの充実は、利用者満足度の向上にもつながる

・指定管理者の選定手続きを公募とすることで、民

間事業者間の競争原理が働き、自治体の経費縮減につながる可能性がある

【デメリット】

・指定管理者が自治体に代わって施設を運営するので、自治体は運営の意識を持ちにくくなる危険性がある
・施設で直接住民（利用者）に顔を合わせるのは指定管理者であるため、住民の要望が自治体に伝わるのに時間がかかり、速やかに対応できない場合もある
・経費縮減の優先により、提供されるサービスの質の低下が生じる恐れがある
・指定期間ごとに指定管理者が変わることによって、提供するサービスに継続性や連続性を保ちにくくなったりすることがある
・指定期間後に公募をしても、現在の指定管理者しか応募がなく、運営に関する新たな提案が出にくい

アウトソーシングの導入は一度導入したら変更がきかない不可逆的なものではない。定期的にきちんと評価を行い、その結果が思わしくない場合には、導入継続の可否を再検討することもあり得る。実際に、施設の運営を自治体の直営に戻すケースも存在している。そもそも、導入にあ

たっても、導入ありきではなく、しっかりとした議論と検討がなされる必要がある。十分な議論も検討もないままに導入することで、公共サービスの向上どころか、行政に対する市民の不信感を高め、かえって逆効果になることもあることに留意したい。

（2）図書館界におけるアウトソーシングの状況

ここまでの（1）では、公共施設全体のアウトソーシングの動向を述べてきたが、ここからは公立図書館に焦点を当てて、アウトソーシングの状況を見ていきたい。

公立図書館でも、（1）で述べたように、館内清掃業務の業務委託が1980年代以前から行われていた。カウンター業務も含む委託を最初に行ったのは、京都市立図書館で1981年のことである。通年開館や柔軟なサービス提供を目指して京都市社会教育振興財団に委託したのである。しかし、このときは、期待はずれで、「失敗に終わったようである」[12]。1990年代半ばになると、カウンター業務を民間事業者等に業務委託する公立図書館が増えていった。その後、PFIや指定管理者制度がつくられていき、2000年代に入ると、公立図書館でも導入する自治体が出てくることになる。PFIを導入した最初の事例は、三重県桑名市で、2001年に導入の方針を公表し、2004年10月に桑名市立中央図書館を含む公共施設「くわなメディアライヴ」が開館した[13]。また、指定管理制度を導入した最初の事例は、北九州市戸畑図書館で、

2005年7月のことであった。(14)

そして、現在、アウトソーシングは増加傾向にある。指定管理者制度の導入（予定を含む）に限って見てみると、2018年の時点で、都道府県立図書館で7館、市町村立図書館（東京23区を含む）は577館となっている。一方で、指定管理者制度をやめて直営に戻した市町村立図書館も16館ある。(15) 2018年度の日本の公立図書館の数は、都道府県立図書館が58館、市町村立図書館が3219館であるから、(16) 指定管理者制度の導入率が極端に高いというわけではない。

アウトソーシングは、職員問題と不可分である。アウトソーシングの進展とともに、正規の専任職員数は減少し、受託事業者からの派遣等の職員が増加傾向にある。2018年度の状況を見ると、都道府県立図書館では専任職員1516人に対し、直接雇用の非常勤や臨時の職員が941人、受託事業者からの派遣等の職員が290人と、職員総数に占める専任職員率はまだ半数を超えている。一方、市町村立図書館になると、専任職員8482人に対し、非常勤や臨時の職員が1万6099人、受託事業者からの派遣等の職員が1万2736人となっており、職員総数に占める専任職員率はわずか22・7％に過ぎない。(17) つまり、市町村立図書館は、非正規の非常勤や臨時の職員（2020年度から会計年度任用職員）や、アウトソーシング受託事業者からの派遣等の職員に支えられている実態があるのである。今後も専任職員が増加に転じる見通しはなく、むしろアウトソーシングがさらに進めば、直接雇用の非常勤や臨時の職員と受託事業者からの派遣等の職員の人数が逆転する可能性もあるだろう。

雇用・勤務形態の如何を問わず、高い専門性を持ち実践経験豊富な司書はたくさんいる。しかし、非常勤や臨時の職員、受託事業者からの派遣等の職員の多くは、雇用の継続などに不安を抱えながら勤務し、利用者に最高の図書館サービスを提供しようと日々努力を重ねている。進むアウトソーシングのなかにあっても、すべての司書が安心して勤務し、その持てる専門性を最大限に発揮できる雇用環境を実現することはできるのだろうか。さまざまな議論と模索が続いている。

公立図書館におけるアウトソーシング導入の賛否、すなわち推進する見解と批判する見解について、草山里依子が簡潔に整理している。(18) 以下に要約する。

【推進する見解】

・正規職員に比して委託や派遣の職員は少ない経費で雇用が可能であり、大幅な経費節減につながる

・利用者のニーズが高い夜間や休日開館の実現など、開館時間や開館日の拡大が可能となる

・民間特有の斬新で柔軟な思考を活かした新しいサービスの展開が期待できる。特に、業務委託ではなくＰＦＩや指定管理者制度であれば、創意工夫の余地が大きく、民間の経営能力を存分に生かしたサービスが展開できる

・民間に新たな事業機会を与えることになり、経済の活性化が期待できる

【批判する見解】
・委託や派遣の職員は司書の有資格者であるとは限らず、専門的知識に乏しい可能性がある
・低賃金の雇用が前提とならざるを得ず、短期契約のアルバイト雇用などの不安定な雇用が拡大し、図書館サービスの低下にもつながりかねない
・短期間で職員が入れ替わる場合もあり、継続的かつ安定した図書館サービスの提供が望めない
・図書館業務が企画や選書、レファレンスといった「判断を要する業務」と書架整理やカウンター対応といった「判断を要しない業務」に二分され、後者をアウトソーシングする傾向が強い。一見業務効率がよいように見えて、利用者の声が図書館運営に反映されにくくなる危険性をはらんでいる
・業務委託の場合、正規職員が委託の職員に直接指示すると偽装請負となり違法である。直接指示ができないため、かえって効率が低下し、業務に支障をきたす恐れがある

ちなみに、日本図書館協会では、指定管理者制度について、「公立図書館に指定管理者制度の

導入は基本的になじまないとの考え[19]」を表明している。

なお、公立図書館以外に、大学図書館や学校図書館でも業務委託が広がりを見せている。次に、学校図書館の業務委託化の動向を見ていくことにしたい。

第2節　学校図書館の業務委託化の動向

学校図書館にも、業務委託化の動きが徐々に広がりつつある。

例えば、東京都では、2011年度から業務委託の導入を開始し、2019年現在、都立高等学校の学校図書館の約3分の2が業務委託となっている。元都立高校の学校司書だった井上緑は、東京都教育委員会による業務委託導入の理由を次のようにまとめている。「(1)司書教諭を中心とした読書推進、(2)図書館管理システムの導入（委託によるコスト縮減で経費を回収）、(3)利便性を高めるため開館時間・開館日数を拡大──を掲げた[20]」。これだけを見ると、メリットが大きそうだが、実際の運用を考えると難しさもある。1つめの理由に挙がっている司書教諭を中心とした読書推進にしても、実際には、司書教諭と学校司書が緊密な連携のもとに生徒の実態に応じて臨機応変に行うものである。しかし、直接雇用でない業務委託の学校司書に対して契約仕様書にないことを依頼することはできないし、直接指示すると偽装請負になってしまう。この偽装請負については、すでに都立高等学校の学校図書館において、東京労働局が偽装請負を認定した事案があることを日向咲嗣が指摘している。[21]そもそも、業務委託導入の理由を見る限り、東京都教育委員会は、学校図書館を読書推進のみで捉え、授業（学び）に生かす視点はないようだ。いや、むしろ、授業（学び）、とりわけいま求められている「主体的・対話的で深い学びの実現」に向けた授業改善に生かそうとすると、業務委託では対応が不十分と認めているともいえなくはない。なお、2021年に入って方針転換がなされ、2021年度から業務委託を順次取り止め、直接雇用の会計年度任用職員に切り替えることとなった。

また、東京都内では、小学校や中学校の学校図書館でも業務委託が進みつつある。世田谷区では、1995年から臨時職員の形で直接雇用の学校司書を配置してきたが、2015年9月から業務委託への置き換えが始まっている。今後、5年かけて区内全部の小学校と中学校の学校図書館を業務委託化する方針が示されている。

新宿区でも、2013年から小学校と中学校の学校図書館の業務委託を行っている。田中美羽の調査[22]によると、次のような実態であるという。「詳細な仕様書が作成されており、区内各校で同一水準のサービスが行われるようになった」、「月例会議で活動内容の確認や勤務時に得られた生徒や教員の要望の伝達が行われていた」、「支援員（受託企業の学校司書）による学習支援本の準備等が行われ、学校図書館の活用が促進されていた」、「専門性を向上させるため、新宿区を統括する学校図書館推進員への相談や研修で実践例の共有等が行われていた」。以上のような新宿区の実態をふまえて、田中は、「生徒と教員の橋渡しや授業支援の実施の観点においては民間活力を利用して、学校図書館の利用を活性化させることができており、学校図書館の業務委託には一定の効果がある」と評価している。一方で、「学校図書館業務の均質化により学校ごとの特色が反映されにくくなる場合がある」などの課題を指摘している。

学校図書館の業務委託化の動きは、東京都内だけでなく、全国各地に広がっている。文部科学省では学校図書館の業務委託化についての調査は行っていないので、その広がりを統計的に確認することは難しい。しかし、受託事業者のウェブサイトを見ると、全国の学校図書館での受託実績や事例が公表されている。例えば、A社のウェブサイトでは、2002年から学校図書館運営の受託を開始し、2010年時点で1370校の受注との記載が見られる。また、B社のウェブサイトでは、2019年4月現在で675校（29自治体・組織）の学校図書館運営を受託していることが公表されている。

学校図書館の業務委託化に関しても、第1節で述べてきたように、やはり賛否がある。業務委託の形でも「人」（学校司書）が入ればよいではないかという意見も聞かれるが、現状ではすでに直接雇用（非常勤や臨時）の学校司書が置かれていたところを業務委託に置き換えているケースのほうが多い印象である。調べた限り、業務委託に否定的な意見のほうが多く目につく。やはり批判する人のほうが積極的に発信するからであろうか。

なお、学校図書館議員連盟、文字・活字文化推進機構、学校図書館整備推進会議の3者は、2014年7月に発行した『改正学校図書館法Q＆A――学校司書の法制化にあたって[23]』のなかで、次のようなQ＆Aを掲載している。

Q7：学校図書館の業務の受託者が、学校図書館に派遣している者も、「学校司書」に該当するか。

A7：現在、一部の自治体では、事業者が学校図書館の業務を請け負っている事例が散見される。これは、それぞれの自治体が自主的に判断し、実施していることであるが、学校図書館法が新たに位置づける「学校司書」として想定する者は、学校設置者が雇用する「職員」である。事業者が雇用して学校図書館に勤務する者は、校長の指揮監督下にないことから、法の規定する「学校司書」には該当しないと考えている。

注・引用文献

（1）田中啓『日本の自治体の行政改革（分野別自治制度及びその運用に関する説明資料No. 18）』自治体国際

化協会、２０１０年、3頁
（２）喜多見富太郎「公共サービスイノベーションの変遷と改革の諸相」『サービソロジー』第２巻第１号、２０１５年、５頁
（３）大藪俊志「地方行政改革の諸相――自治体行政改革の課題と方向性」『佛教大学総合研究所紀要』21号、２０１４年、１２４頁
（４）総務省「地方公共団体における行政改革の推進のための新たな指針」、２００５年、３―７頁
（５）内閣府「ＰＰＰ／ＰＦＩとは」(https://www8.cao.go.jp/pfi/pfi_jouhou/aboutpfi/aboutpfi_index.html)(最終アクセス：２０２０年5月16日)
（６）内閣府民間資金等活用事業推進室「ＰＦＩの現状について」、２０１９年、３―４頁
（７）総務省自治行政局長「指定管理者制度の運用について（通知）」、２０１０年
（８）総務省自治行政局行政経営支援室「公の施設の指定管理者制度の導入状況等に関する調査結果」、２０１９年、15頁
（９）総務省「公共サービス改革（市場化テスト）とは」(https://www.soumu.go.jp/main_sosiki/gyoukan/kanri/koukyo_service_kaikaku/index.html)(最終アクセス：２０２０年5月16日)
（10）前掲（2）、６頁
（11）齋藤彬子「「指定管理者制度」について知っておくべきポイント」『自治調査会ニュース・レター』第19号、２０１９年、21頁
（12）草山里依子「多様化する公立図書館の管理運営――委託導入の効果と今後の展望」『国文目白』第50号、２０１１年、71頁
（13）内閣府「日本初の図書館ＰＦＩ事業」(http://www.think-t.gr.jp/NPM/05Chubu_1.html)(最終アクセス：２０２０年5月16日)
（14）坪内一「公共図書館におけるアウトソーシングと職員問題」『日本学習社会学会年報』第８号、２０１２年、

48頁

(15) 日本図書館協会図書館政策企画委員会「図書館における指定管理者制度の導入等について2018年調査(報告)」、2019年、1―2頁

(16) 日本図書館協会図書館年鑑編集委員会編『図書館年鑑2019』日本図書館協会、2019年、300頁

(17) 前掲(16)に同じ

(18) 前掲(12)、75―76頁

(19) 日本図書館協会「公立図書館の指定管理者制度について――2016」、2016年、7頁

(20) 井上縁「〈委託化進む都立高校図書館業務〉上/直接雇用の文科省方針も無視」『連合通信(デジタル版)』2019年5月10日配信

(21) 日向咲嗣「東京都教委も非公表、都立高校・図書館運営で偽装請負発覚……都教委が現場に責任転嫁」『Business Journal』2020年1月16日配信

(22) 田中美羽「新宿区における小学校図書館の業務委託の現状と課題」(筑波大学情報学郡知識情報・図書館学類2015年度卒業論文抄録)、2016年

(23) 学校図書館議員連盟、文字・活字文化推進機構、学校図書館整備推進会議『改正学校図書館法Q&A――学校司書の法制化にあたって』2014年、5頁

第7章　市民活動社会と学校図書館

現代は市民参加（参画）社会とも言われる。かつては、広く住民が行政の企画・執行過程にかかわる住民参加（参画）とも言われてきた。それが、時代の変化とともに、市民参加（参画）と言われるようになり、多義的になった。そして、「男女共同参画」など、単なる参加から企画への主体的な関与が重視されるようになってきている。(1)

市民参加に似た言葉に、市民活動がある。こちらは、「市民の自発的な意思に基づき、広く市民生活の向上を目的とした非営利で公益的な活動」(2)である。その特徴としては、①自主性・自立性に基づく活動、②市民の生活の向上や改善に結びつき、社会に貢献する活動、③継続的な活動、④営利を目的としない活動、⑤市民に対し、常に活動内容が開かれた活動を挙げることができる。(3)なお、市民活動に関わって、1998年に「特定非営利活動促進法」（NPO法）が制定されている。この法律は、法人格や認定制度を設けることで「ボランティア活動をはじめとする市民が行う自由な社会貢献活動としての非営利活動の健全な発展を促進し、もって公益の増進に寄与することを目的」（第1条）としている。(4)

市民活動の一つに、ボランティア活動がある。今日、ボランティアという言葉を耳にしない日はない。地域の至るところでボランティアが活躍している。公園の清掃ボランティア、総合病院の案内ボランティア、博物館の解説ボランティアなど例は挙げきれない。まるでボランティアブームとでもいえる様相である。かくいう筆者自身も、障害のある子どもの療育ボランティアの活動に関わってきた。団塊世代の大量定年退職時代を迎えて、第二の人生はボランティア活動をメインに暮らしていきたいという人も少なくない。

本章では、市民活動のうち、ボランティア活動に焦点を当て、その歴史、意義、課題などを学校図書館との関わりにも留意しながら見ていきたい。

第1節　ボランティアブームの光と影

(1)「阪神・淡路大震災」とボランティア元年

ボランティア活動という言葉を知らない人はいなくても、ボランティアの定義まで知っている人は限られるのではないだろうか。はじめにボランティアの定義を確認しておこう。

ボランティア（volunteer）とは、「自由で、自発的な意志に基づき利他的な貢献をしようとする人、もしくは活動をいう」。「語源的には、ラテン語のボランタス（Voluntas）という言葉に由来する。この言葉には「意志」という意味が含まれており、したがって、「自由意志」であるかどうか、ということが重視される」[5]という。

ボランティアの歴史は、西洋においては騎士団や十字軍といった宗教的な団体までさかのぼることができるとされる。日本では、明治時代から篤志での慈善活動が社会事業（今日の社会福祉）の分野を中心として行われるようになった。今日でいうフィランソロピー（philanthropy：人類愛に基づく利他的な貢献）といえるが、ボランティア活動の前史とも見ることができる。日本でボランティアという言葉は、1970年代から80年代にかけて浸透するようになっていった。市町村の社会福祉協議会に設けるボランティアセンターに国が補助金を交付するようになるのも、このころであった。

ボランティア活動が従前の社会福祉分野の枠を越えて大きく活動の幅を広げる契機となったのは、1995年1月17日に発生した阪神・淡路大震災であった。死者6434人にも達し、ピーク時には約31万人が避難所生活を強いられた阪神・淡路大震災では、全国から多数のボランティアが駆けつけ、震災後1年間で137・7万人が避難所の運営支援、救援物資の配送、炊き出しなどのボランティアとして活動したという[6]。そのため、「ボランティア元年」とも呼ばれている[7]。

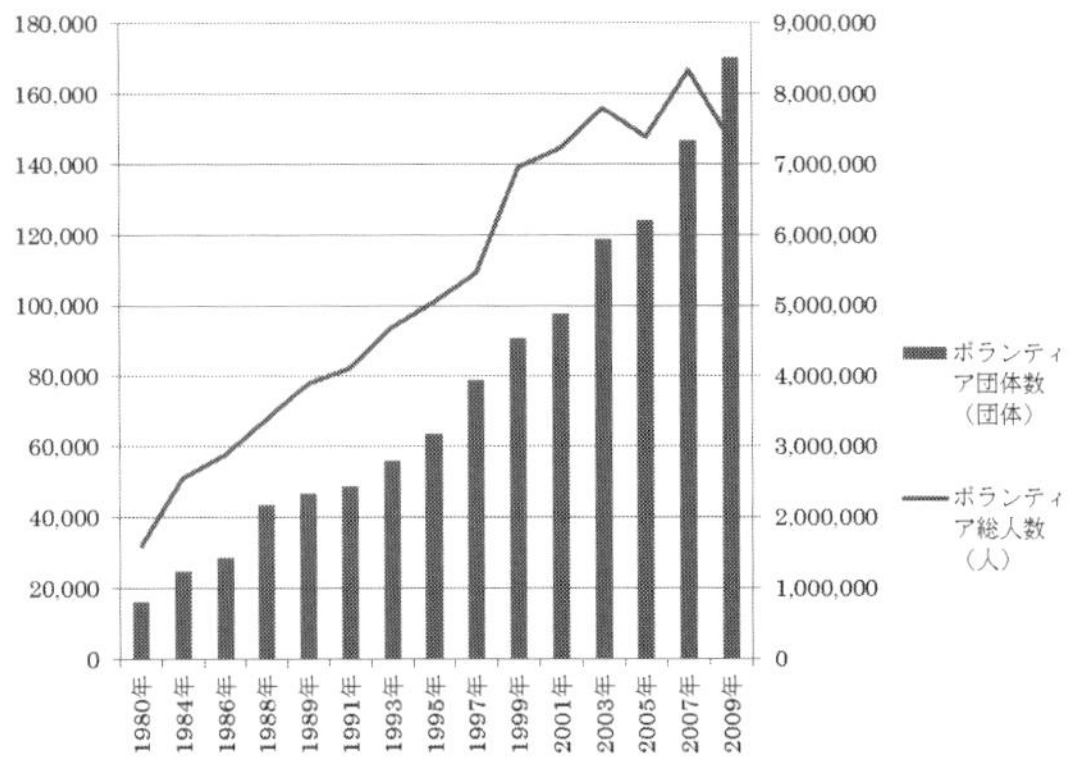

図7-1　全国のボランティア団体・人数の推移　（全国社会福祉協議会全国ボランティア・市民活動振興センター編『ボランティア活動年報2010年度版』、2011年、1頁の表をもとに作成）

その後に発生した大規模災害でも、多くのボランティアが被災地に駆けつけ、活動している。

なお、全国社会福祉協議会が把握している全国のボランティア団体とボランティアの人数の推移は**図7―1**の通りである。社会福祉の分野を中心としたボランティアの状況を示したものであるが、それでも「ボランティア元年」を経た1990年代後半以降は団体数・人数ともに増加の幅が大きくなっている。また、少し古いデータにはなるが、厚生労働省の委託を受けて全国社会福祉協議会が2002年に実施した「全国ボランティア活動者実態調査」の結果によると、ボランティアの中心は60歳以上の女性であること、活動の主な対象は「高齢者や介護者」や「障害児・者やその家族」であり、活動内容としては「交流・遊び」や「話し相手」が多いことが明らかとなっている。(8)

(2) 善意の発露と利己主義的要素

　ボランティア活動の大きな意義は、利他的な貢献が営利や見返りを追求することなく、自由で自発的な意志のもとになされることにあるといえる。言い換えると、善意の発露ともいえる。

　加えて、ボランティア活動に参加する人自身にとっての生きがいになっていることも複数の研究から明らかである。齋藤ゆかは、ボランティア活動を通して、「人に必要とされていることが実感できる」、「メンター（指導や助言をする役割をもって活動している人）の役割を担う」などの生きがいを見いだしていることを述べている。[9] また、梅谷進康らは、高齢者を対象とした調査から「「ボランティア活動をしている人」は「ボランティア活動をしていない人」と比べ、「生きがい要素に係る意識」の全項目について肯定的意識をもち、かつ否定的意識をもたない傾向であった[10]」とする。ここでいう「生きがい要素に係る意識」の項目とは、「人の役に立つ活動をしている」「大切な役割を担っている」「人との良好なつながりがある」「知識や能力を活かす機会がある」「生きる目的がある」「心からの楽しみがある」「心が満たされる時間がある」である。

　ところで、ボランティア活動は、本項の冒頭で「利他的な貢献が営利や見返りを追求することなく」と述べた。定義的にもそう言及されることが一般的である。しかし、実際には利他主義的要素のみならず、利己主義的要素も混在してボランティア活動の動機が形成されているとの指摘がある。ボランティア自身の生きがいというのも、一種の利己主義的要素といえなくもないだろう。饗場和彦は、「利己主義（egoism）、利己的行動（egoistic behavior）、あるいは利己志向的（self-oriented）な活動としてボランティア活動を捉える視点は、一般的なボランティア活動のイメージとは乖離するため、一種の盲点としての重要度がある」[11]と述べている。その上で、「日本において従来、「情けは人のためならず」と表現される考え方は、「情けを人にかけると、まわりまわって結局、自分のためになる」とする利己的な発想である」とする。

（3）ボランティア活動をめぐる課題

ボランティア活動には、利己主義的要素も混在しているとの指摘があることを述べた。ここでいう利己主義的要素は、生きがいや「情けは人のためならず」のような可視化されにくい部分、具体的な報酬としては捉えにくい部分として混在しているがために「盲点」となっていた側面もあろう。

しかし、ボランティア活動といいながら可視化された具体的な報酬を伴うと、大きな議論に発展することになる。例えば、有償ボランティアや学校におけるボランティア活動の科目化・単位化などである。

有償ボランティアは、宮守代利子によると、「無償を基本とするボランティア行為と貨幣を媒介とする労働行為との中間的な働き方、言い換えると市民セクターに軸足をおきながら市場セクターの交換原理を加味した無償と有償との中間的な労働形態[12]」である。そもそも、有償ボランティアは、「派遣労働」などの多様な働き方が出現したころ（1980年代後半）と同時期に登場したとされる。有償ボランティアに対しては、ボランティアと名乗りながらなぜ有償なのか。それをボランティアと呼ぶべきではないのではないかといった批判がある。この批判に対しては、本来ボランティアとは「人の当然の行為として自由にやれるものですし、これに謝礼金を払うのも当然の行為として自由にやれることであって、法的根拠など要りません[13]」という意見もある。また、事実上は労働者として雇用しているにもかかわらず最低賃金未満であるため有償ボランティアと称して取り繕っているといった問題も指摘されている。この場合、「労働時間、仕事内容など、職場内で他の有給労働者と同じような労働形態であった場合は、有償ボランティアが「最低賃金に満たないことをもって訴訟を起こせば」、労働者として認められ、最低賃金が保証される勝算は高い[14]」との指摘もある。10万人を超えるといわれる有償ボランティア。諸問題を解決するには、「立法や行政措置など望ましい[15]」との声もある。

学校や大学においてボランティアを科目化・単位化しようという動きは1990年代から見られた。文部科学省では1998年に「学生のボランティア活動の推進に関する調査研究協力者会議」を設置し、大学における学生のボランティア活動推進の方策を検討している。その議論のなかでは、「ボランティア活動に対する単位認定については、ボランティアの理念に与える影響について学内でディスカッションを重ねている」や、「大学で講座を設けることについては反対する意見がある。ボランティア活動に点数を付けて評価することはどうかと思う」という意見がある一方で、「ボランティアに関する授業科目は平成5年度より開設しており、通常の講義に加え、ボランティア活動の実践も学生に課している。単位認定も行っているが、実際は、単位認定した学生は5％にすぎない。今は余りにも学生と社会の接点が少なすぎる。大学もどんどん接点を求めていくべきであり、ボランティア活動はその一つであると考えている。最初は単位目当てで関わるようでもよいと思う」といった意見もみられた。(16) 筆者としては、後者の意見には首肯しかねる。児童生徒や学生がボランティアをしようがするまいが全くの自由であるべきだし、学校や大学がそれをいちいち評価するのはおかしいと考えている。しかし、行政の後押し（介入ともいう）の影響もあり、世の流れは、学校や大学におけるボランティアの科目化、単位化の流れが進んでいるように思われる。最近では、2011年3月11日に発生した東日本大震災を受けて、文部科学省は学生が被災地でボランティア活動をした場合、授業の一環とみなして単位認定が可能との通知を全国の大学あてに出している。(17) また、2021年に延期となった東京オリンピック・パラリンピックでは10万人近いボランティアが必要とされ、その確保には学校や大学が頼みの綱となっている。NHKが都内の大学119校に調査したところボランティアへの参加を単位認定する大学は検討中も含めると59校にものぼることがわかり、「国家総動員」とも揶揄されていることなどが報じられている。[18] 単位を餌にすれば、ほぼただ働きしてくれる人材が集められると思っているのだとしたら、何とおぞましく、さもしいことであろうか。

さらに踏み込んで、ボランティア活動を義務化すべきとの意見さえ聞かれ、一部では実施されている。小渕恵三首相のもとに私的諮問機関として2000年3月に設置された「教育改革国民会議」は同年12月に最終報告として奉仕活動の義務化を含む17の提案を発表した。ボランティア活動を奉仕活動と読み替えたもので、事実上、ボランティア活動の義務化の提案にほかならない。2002年4月に実施された「学習指導要領」からは、必修化はされなかったものの、ボランティア活動が初めて学校の教育課程に位置づけられた。具体的には、総合的な学習の時間、道徳、特別活動においてである。[19] そして、2007年4月には東京都教育委員会が都立高等学校において奉仕活動を必修化した。[20] 本節（1）の冒頭で、ボランティアの定義を「自由で、自発的な意志に基づき利他的な貢献をしようとする人、もしくは活動をいう」と確認した。奉仕活動と名を変え義務化されるに至ったボランティア活動は、ボランティア活動なのであろうか。もはや、似て非なる活動というほかあるまい。今一度、原点に立ち返った議論が必要であろう。

本項の最後に、もう一つ課題を挙げておきたい。それは「モンスターボランティア」と呼ばれることもある一部のボランティアによる迷惑行為である。2016年4月に発生した熊本地震の被災地支援に入ったボランティアに関する報道のなかに、次のようなNPO関係者の厳しい声が紹介されている。「自己満足的な善意で被災地に現れ、汚れた仕事や力仕事はやらず、仲間内で歌を歌ったり親睦を深めたり…被災者そっちのけで盛り上がって帰っていく〝自称ボランティア〟が少なくなかった。それでいながら『働いたのに食事くらい出ないのか』と文句をつけるのだから、まさにモンスターボランティア。彼らは『感動』や『感謝』といった見返りを求めるので地味な仕事はやりたがらない」[21]。このような「モンスターボランティア」も、やはり利己主義的要素の表れと見ることができよう。災害ボランティアの文脈で指摘されたり批判さることが多いが、実際にはどんなボランティア活動でも起こり得る。ボランティア本人はよかれと思ってやっていても、ボランティア仲間も含めた周囲からは迷惑になっていることがあるかもしれない。そう常に意識し、独善に陥らないように行動することがすべてのボランティアには求められている。

第2節　活躍する学校図書館ボランティア

(1)　学校図書館ボランティアの現状

学校現場にも、近年、さまざまな形でボランティアが活動している。その活動内容は、学習支援、部活動指導、登下校安全指導、環境整備など多岐にわたる。これらを総称して、学校支援ボランティアや学校ボランティアと呼ぶこともある。学校支援ボランティアとして活動する人も、保護者、地域住民、大学生など多様である。

広くは学校支援ボランティアの活動の一つに位置づけられるものとして、学校図書館ボランティアがある。ここには、読み聞かせなどの読書活動ボランティアを含めることもある。全国学校図書館協議会がまとめた『司書教諭・学校司書のための学校図書館必携――理論と実践（改訂版）』（2017年）では、学校図書館ボランティアの活動内容を大きく3つに整理している。すなわち、（1）子どもへの読み聞かせ・語り聞かせ・ブックトーク、（2）カウンター業務（貸出、返却、相談等）、（3）環境づくりや汚損資料の補修の3つである。[22] 加えて、特別支援学校などでは、障害のある子どものために、その子どもが読める方式に複製（点字化、音声化、デジタル化など）する作業を担うボランティアも活動している（第3章も参照）。

2016年11月に文部科学省が通知した「学校図書館ガイドライン」にも、学校図書館ボランティアへの言及がなされている。「学校や地域の状況を踏まえ、学校司書の配置を進めつつ、地域のボランティアの方々の協力を得て、学校図書館の運営を行っていくことも有効である。特に特別支援学校の学校図書館においては、ボランティアの協力は重要な役割を果たしている」。

また、地域によっては、学校図書館ボランティア向けのハンドブックや手引を作成し、活動を支援しているところもある。例えば、神奈川県教育委員会では、2016年3月に『いつでも行ける学校図書館づくり――学校図書館ボランティアハンドブック』を作成して、公表している。このなかでは、学校図書館の機能や分類・排架の仕組み、子どもの発達段階に応じた選書や図書の修理の方法などとともに、学校図書館ボランティアの役割や活動する上での心得なども示されている。学校図書館ボランティアの役割については、「学校図書館は、学校の教育方針のもと、司書教諭が中心となり学校司書と連携しながら運営されています。そのため、ボランティアの活動は、その補助が中心となります」とし、司書教諭や学校司書に必ず「学校図書館の運営方針や特色、子どもたちの様子について」「読書活動のねらいについて」「活動にあたって配慮すべきことについて」「活動内容と進め方について」の4点について確認しながら活動を進めるようにと述べている。また、活動するにあたっての心得として、①子どもの人権や個人差への配慮、②子どもや教職員のプライバシーの保護、③活動のふりかえりの実施、④政治や宗教への中立性と営利活動の禁止を挙げている。(23) こうしたハンドブックや手引は、特にこれから学校図書館ボランティアの活動をはじめようとする人や、活動をはじめたばかりの人には大いに役立つだろう。

ところで、学校図書館ボランティアの現状は、どうなっているのだろうか。文部科学省が2016年10月に公表した「平成28年度学校図書館の現状に関する調査」の結果(24)によると、ボランティアが活動している学校図書館は、小学校81・4%、中学校30・0%、高等学校2・8%、特別支援学校（小学部）30・3%となっている（**表7―1**）。このことから、学校図書館ボランティ

表7-1　学校図書館ボランティアの現状

校種	学校図書館ボランティアが活動している割合	活動内容（複数回答可）		
		配架や貸出・返却業務等、図書館サービスに係る支援	学校図書館の書架見出し、飾りつけ、図書の修繕等支援	読み聞かせ、ブックトーク等、読書活動の支援
小学校	81.4%	16.0%	43.5%	93.4%
中学校	30.0%	29.3%	51.6%	54.8%
高等学校	2.8%	31.0%	26.0%	55.0%
特別支援学校*	30.3%	6.3%	14.2%	83.9%

＊小学部の値
（出典：文部科学省「平成28年度「学校図書館の現状に関する調査」結果について」、2016年、11頁）

アが活動しているのは小学校が中心であり、高等学校ではほとんど活動していない現状にある。また、活動内容としては、いずれの校種においても「読み聞かせ、ブックトーク等、読書活動の支援」が最も多くなっている。

（2）学校図書館ボランティアの課題

学校図書館ボランティアは、次の方法のいずれか、もしくは複数で学校として募集することが一般的である。具体的には、①学校の保護者会・PTA活動の一環として募集する、②地域のボランティアグループに対して参加募集（ないし依頼）する、③地域の住民や学生などを対象に一般募集する、などである。[25]

とりわけ、前述の①の場合、強制になることがないように気を付けなければならない。そもそも、任意であるはずのＰＴＡへの加入自体が強制されているとの批判の声も強まっている。学校図書館ボランティアを保護者会やＰＴＡの役割分担の一つだから「仕方なくやらされる」というのでは、ボランティアとは言えない。また、「仕方なくやらされる」という思いで活動されても、本人にとっては苦痛以外の何物でもなく、活動そのものがおろそかになりかねない。

司書教諭が発令されておらず学校司書も配置されていない学校では、学校図書館の環境整備などはボランティア頼みというところも少なくない。ボランティアの側も、学校から頼りにされているので意欲的に活動でき、わが子が卒業してからもボランティアとして関わっているという人もいる。一方で、学校の教職員よりも長年にわたって活動してきたボランティアのほうが学校図書館に詳しくなってしまい、教職員の側がボランティアに教えてもらわないと学校図書館が運営できないという事態に陥ってしまったケースもある。絶対にあってはならない事態である。ボランティアはボランティアであって、学校の教職員ではない。双方とも、この一線はしっかりと意識しておかなければならない。重要なのは、学校図書館を担当する教職員（司書教諭や学校司書がいない学校であっても、校務分掌上の担当者は必ずいる）がボランティアをしっかりとコーディネートすることである。

学校図書館においても、有償ボランティアが活動している地域がある。実態としては、ボランティアではなく、学校司書にあたる業務を担っているにもかかわらず、最低賃金未満の「謝礼」

しか支払えないために有償ボランティアと称しているケースなどである。法的には雇用関係にあるわけではないため、学校内における指揮命令系統も不明瞭になるし、活動中に怪我などの労働災害が生じても補償は受けられない。学校司書なのか、ボランティアなのかが曖昧な状態の有償ボランティアは、その立場にある人にとっても、学校や学校図書館にとっても幸せな仕組みとは言い難い。学校司書とボランティアはまったく別個のものであり、学校司書を有償ボランティアで代替できるものと考えてはならない。

注・引用文献

(1) 酒匂一雄「住民参加・参画」社会教育・生涯学習辞典編集委員会編『社会教育・生涯学習辞典』朝倉書店、2012年、268—269頁

(2) 石井山竜平「市民活動」社会教育・生涯学習辞典編集委員会編『社会教育・生涯学習辞典』朝倉書店、2012年、235頁

(3) 浦安市協働のガイドライン策定ワーキング会議「「市民参加」、「市民活動・地域活動」、「協働」等の定義について」(第1回ワーキング会議参考資料1)、2008年

(4) 詳しくは、「内閣府NPOホームページ」(https://www.npo-homepage.go.jp/) を参照されたい。

(5) 高橋満「ボランティア」社会教育・生涯学習辞典編集委員会編『社会教育・生涯学習辞典』朝倉書店、2012年、563頁

(6) 「ボランティア元年」『日本経済新聞』2018年8月18日付朝刊

（7）菅磨志保「日本における災害ボランティア活動の論理と活動展開――「ボランティア元年」から15年後の現状と課題」『社会安全学研究』創刊号、2011年、55頁
（8）厚生労働省社会・援護局地域福祉課「ボランティアについて」（第5回これからの地域福祉のあり方に関する研究会資料5）、2007年
（9）齋藤ゆか「シニアボランティアの活躍」藤原佳典・倉岡正高編『コーディネーター必携シニアボランティアハンドブック――シニアの力を引き出し活かす知識と技術』大修館書店、2016年、13―32頁
（10）梅谷進康・石田易司・信達和典・松尾まどか・今井大輔・中野堅太・恩田泰補「高齢者の社会参加と生きがい――就労・ボランティア活動と生きがい要素に係る意識との関係」『桃山学院大学総合研究所紀要』43巻2号、2017年、57―59頁
（11）饗場和彦「ボランティア活動の意味と有用性――命を捨ててまで外国人を助けるのは偽善か？」『徳島大学社会科学研究』25号、2012年、47―49頁
（12）宮守代利子「有償ボランティアの提起する問題に関する考察」『社学研論集』20号、2012年、30―31頁
（13）さわやか福祉財団編『いわゆる有償ボランティアのボランティア性――より継続的で、より深いボランティア活動を継続するために』、2019年、i頁
（14）前掲（12）、37頁
（15）前掲（13）、ii頁
（16）文部科学省高等教育局「学生のボランティア活動の推進に関する調査研究協力者会議（第1回）議事要旨」、1998年
（17）「ボランティアで単位認定　文科省、全大学に要請――被災地支援に後押し」『日本経済新聞』2011年4月5日付朝刊
（18）「東京五輪、ボランティア参加で単位認定する大学続々　「大学は何をする場なのか」「災害ボランティアも単位認定しては」と疑問相次ぐ」『キャリコネニュース』2018年9月7日配信

（19）永井順國「ボランティア学習」今野喜清・新井郁男・児島邦宏編集代表『新版学校教育辞典』、２００３年、６５３頁
（20）小倉常明「都立高校奉仕活動義務化の現状と課題」『国際経営・文化研究』15巻1号、２０１０年、93―94頁
（21）「感動ポルノ、就活ネタ作り……ＧＷに被災地へ殺到する「モンスターボランティア」」『AERA dot.』２０１６年４月29日配信
（22）磯部延之「ボランティアの活動」全国学校図書館協議会監修『司書教諭・学校司書のための学校図書館必携――理論と実践（改訂版）』悠光堂、２０１７年、２４６―２４７頁
（23）神奈川県教育委員会教育局生涯学習部生涯学習課『いつでも行ける学校図書館づくり――学校図書館ボランティアハンドブック』、２０１６年、５頁
（24）文部科学省「平成28年度「学校図書館の現状に関する調査」結果について」、２０１６年、11頁
（25）前掲（22）、２４６頁

第8章　社会の少子・高齢化、過密・過疎化と学校図書館

日本は世界でも冠たる「高齢者大国」などと言われることがある。つまり、急速に高齢化が進んでいるのである。確かに、時間帯にもよるが、街を歩いていても、若者よりも高齢者に出会うことのほうが多くなった。このことは、都市部よりも地方のほうがより顕著である。しかも、地方では、過疎化も進んでおり、高齢者が人口の半数以上を占め、地域の維持が困難となる「限界集落」も社会問題となっている。

高齢化は、少子化とセットで起こっている。生まれる子どもが少ないだけでなく、地方に生まれ育った若者世代が都市部に流出し、戻ってこないことで過疎化を一層推し進めている。「東京一極集中」が長らく批判され、是正が目指されてきたが、都市部への人口集中と地方の過疎化という構図は、まったく解消には至っていない。

これら少子化・高齢化、都市の過密化・地方の過疎化という現象は、単に人口の問題だけでは

ない。経済や文化など多方面でさまざまな課題を生み出し、その解決が求められている。これらの課題解決を図るべく、２０１４年以降、国の政策として「地方創生」が推進されている。

こうした状況にあって、学校も複数学年で１学級を編成（複式学級編成）しなければ維持できないほど小規模化が進行するなどして統廃合が進められている。学校のなかに置かれた学校図書館にも直結する問題である。ただし、学校は、その地域を象徴する存在であるケースも少なくなく、在籍児童生徒が減ったから統廃合とは簡単にはいかない。

第1節　世界に冠たる日本の少子化と高齢化の現状

（1）「高齢化社会」ではなく「超高齢社会」の日本

高齢化社会という言葉をよく耳にする。字の如くで、高齢化しつつある社会という意味になる。世界保健機構（ＷＨＯ）の定義によると、高齢者人口が７％を超える社会を高齢化社会と定義づけている。ちなみに、65歳以上の人を高齢者としている。

では、日本の高齢者人口とその割合はどれくらいなのだろうか。総務省統計局が２０１９年９月15日現在で公表した「高齢者の人口」についてのレポート[1]によると、日本の高齢者は３５８８万人、高齢者人口の割合は28・４％となっている。高齢者の人口とその割合は増加し続けてお

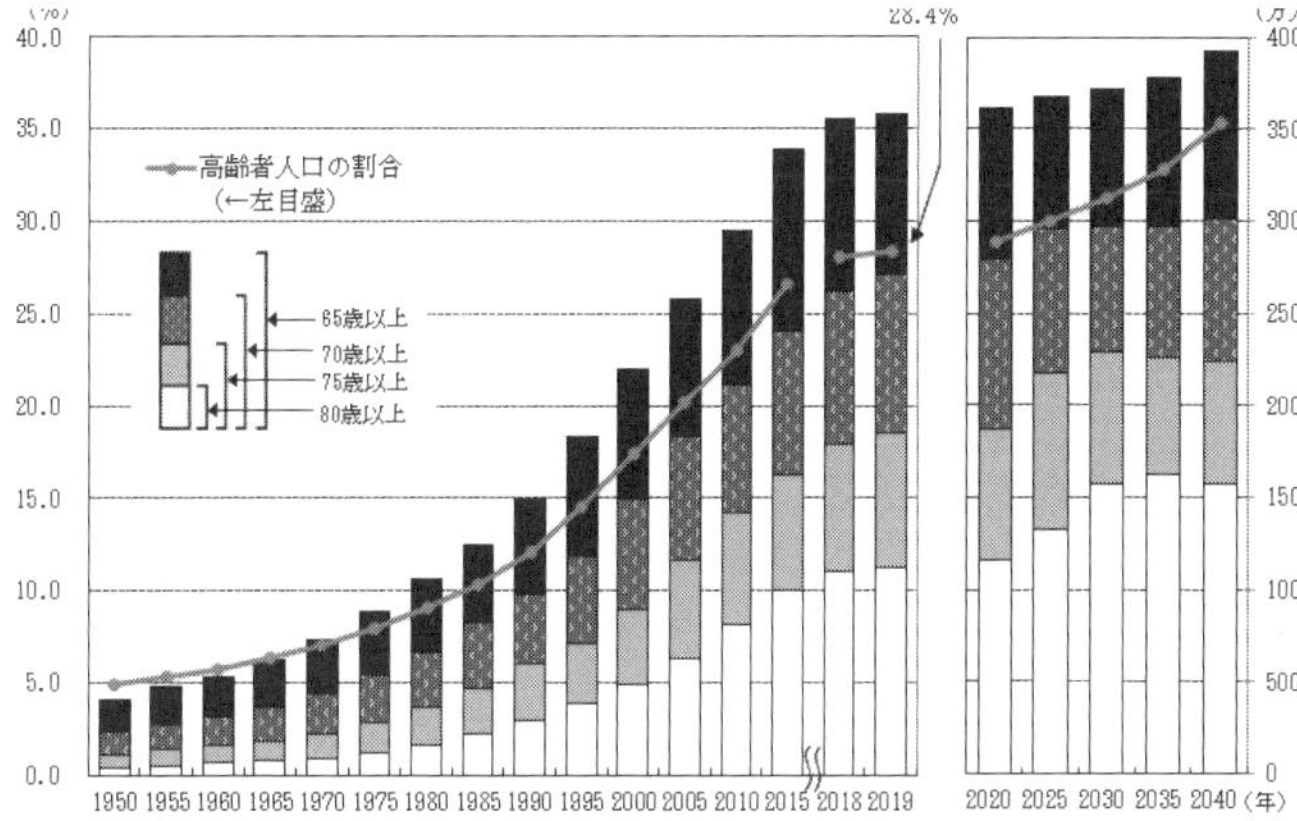

図8-1　高齢者人口とその割合の推移と予測(1950年〜2040年)
(出典:総務省統計局「高齢者の人口」、2019年)

り、前述の２０１９年のデータは過去最高の値となっている（図8―1）。今後も増加し続けるものと予想されており、高齢者人口は２０２５年には30・0％となり、２０４０年には35・3％に達するとされている。

ＷＨＯでは、高齢者人口の割合が21％を超える社会を超高齢社会と定義している。つまり、日本はもはや高齢化社会という段階を越えて、超高齢社会に突入しているのである。しかも、高齢者人口28・4％という割合は、世界一の高さとなっている（表8―1）。日本の次に高いイタリアでも23・0％であり、日本より5ポイント以上も低くなっている。今後、主要国においても高齢者人口の割合が上昇していく予測となっているが、日本は他国よりも一歩先に「高齢者大国」となっている（図8―2）。

表8-1　高齢者人口の割合（上位10か国）（2019年）　（出典：総務省統計局「高齢者の人口」、2019年）

順位	国・地域	総人口（万人）	65歳以上人口（万人）	総人口に占める65歳以上人口の割合（%）
1	**日本**	**12617**	**3588**	**28.4**
2	イタリア	6055	1393	23.0
3	ポルトガル	1023	229	22.4
4	フィンランド	553	122	22.1
5	ギリシャ	1047	230	21.9
6	ドイツ	8352	1801	21.6
7	ブルガリア	700	149	21.3
8	マルティニーク	38	8	21.0
9	クロアチア	413	86	20.9
10	マルタ共和国	44	9	20.8

資料：日本の値は、「人口推計」、
　　他国は、*World Population Prospects: The 2019 Revision* (United Nations)（201の国及び地域を掲載）
注）日本は、9月15日現在、他国は、7月1日現在

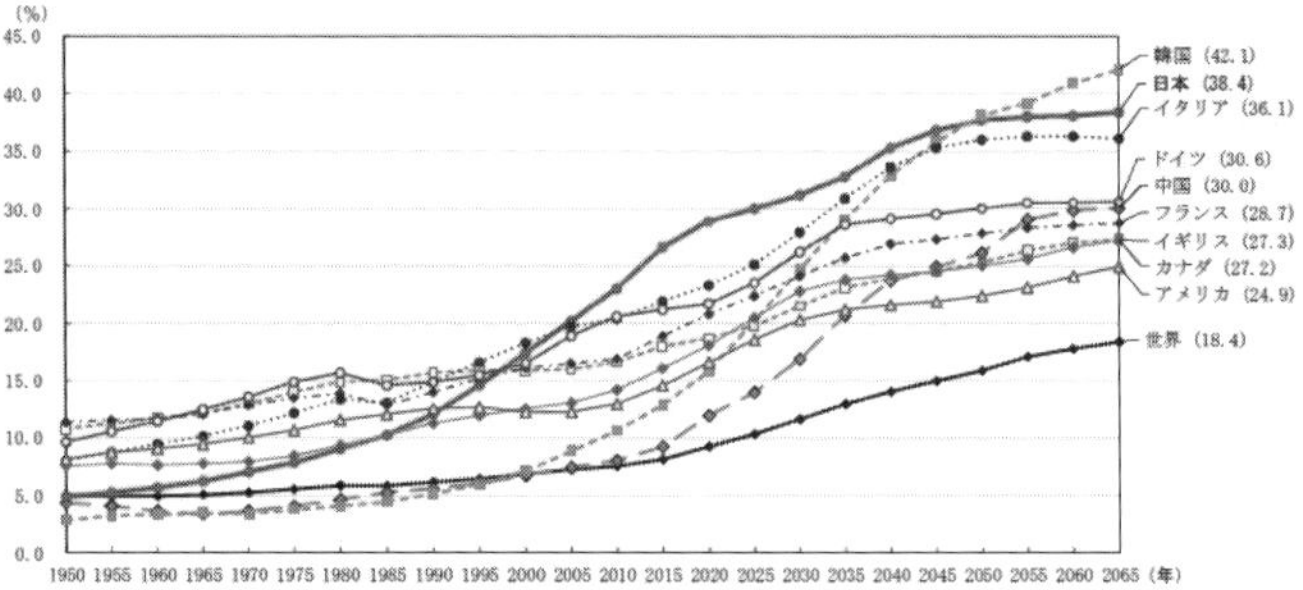

資料：日本の値は、2015年までは「国勢調査」、2020年以降は国立社会保障・人口問題研究所「日本の将来推計人口」
　　他国は、*World Population Prospects: The 2019 Revision* (United Nations)
注）日本は、各年10月1日現在、他国は、各年7月1日現在

図8-2　主要国における高齢者人口の割合の推移と予測（1950年～2065年）（出典：総務省統計局「高齢者の人口」、2019年）

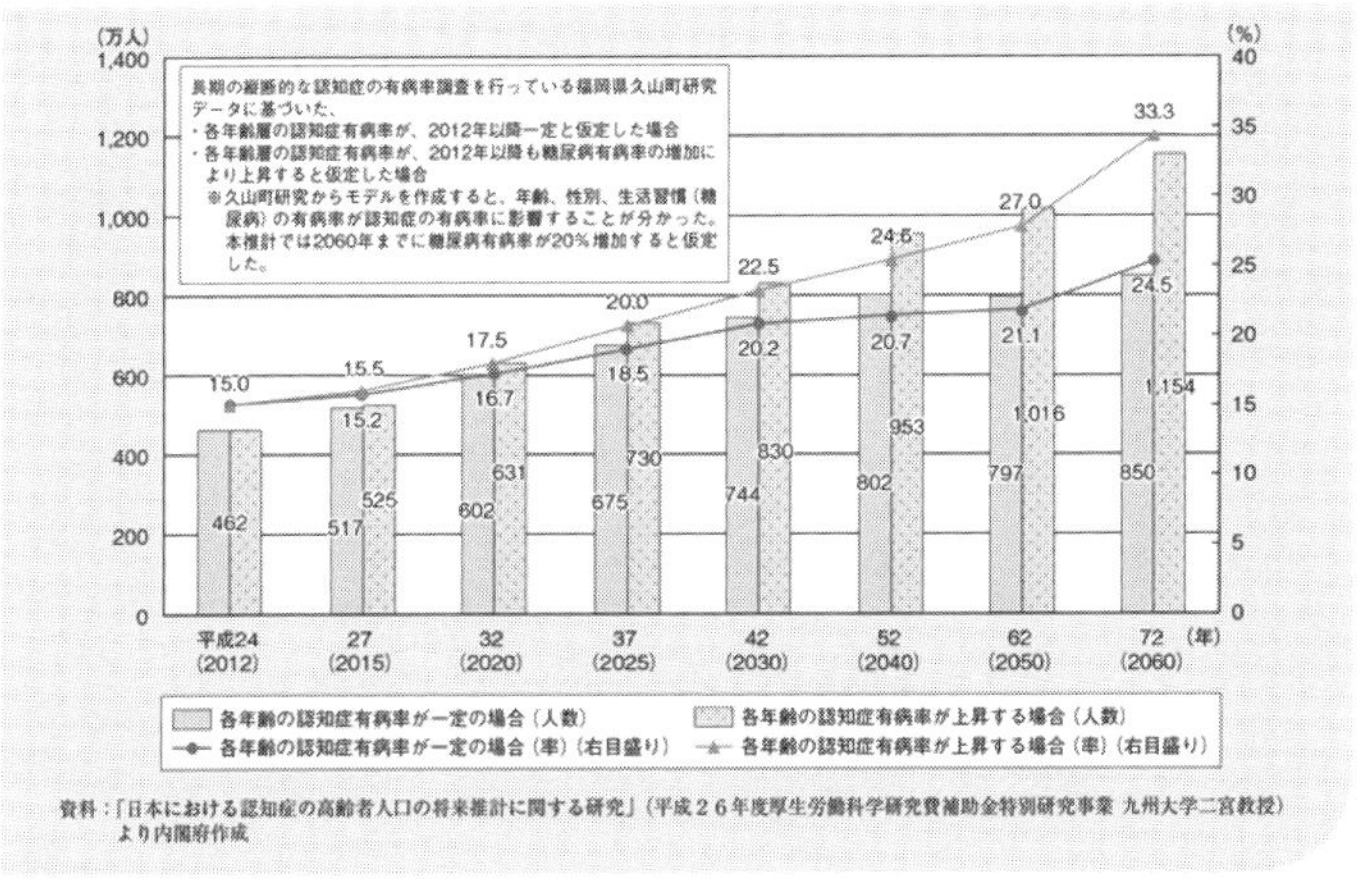

図8-3　認知症高齢者数とその割合の推移と予測　（出典：内閣府「平成29年版高齢社会白書（概要版）」、2017年）

高齢者人口が増加するにつれて、認知症の人の数と割合も高まっている。そして、2025年には高齢者の20%（高齢者の5人に1人）が認知症になるとの予測も出されている（図8—3）。

ところで、日本が高齢者人口の割合で世界一になった理由は何だろうか。（公財）長寿科学振興財団は、「国民皆保険制度」などの医療制度の充実や年金制度などの生活保障制度といった国の社会制度が整い、平均寿命が延びたことを理由として挙げている(2)。確かに、これまではそうだったかもしれない。しかし、高齢者の急速な増加のなかで、これらの制度には綻びも見え始めており、これからの高齢者の暮らしや医療・福祉にとっての不安要因にもなっている。

課題は、それだけではない。2000年から「介護保険制度」を新たに導入したものの、ケアニーズに十分に追いついていない状況もある。それが「老老介護」や「認認介護」問題などの形で表面化している。関連して、介護職の低賃金や離職率の高さ、看護師も含めたケア人材の過重労働など、ケアを担う人材の処遇の見直しも喫緊の課題である。(3) このほかにも、高齢者の生活保護受給が増えているなど、高齢者の暮らしや医療・福祉をめぐる課題は山積している。

２００８年には高齢者差別や「現代の姥捨て山」などと批判されながらも75歳以上の高齢者を対象に「後期高齢者医療制度」が導入されるなど、山積する課題解決に向けての対応は取られてはいる。しかし、どうも付け焼き刃的な対応に留まっているように見えてならない。世界一の「高齢者大国」にふさわしい、世界のモデルとなるような抜本的な制度改革が必要ではないだろうか。

(2) 少子化解消には意識の変革も

日本の人口構成は、逆ピラミッド型に近づいている。子どもや若者層が多く、高齢者層が少ない人口構成をピラミッド型と呼ぶので、逆ピラミッド型はその逆ということになる。日本の２０１０年の人口構成では、20歳未満が17・９%に対して、65歳以上が23・０%となっている。これが、２０６０年には子ども10%、高齢者40%になると国立社会保障・人口問題研究所は推計している。ただし、この推計は、現状、すなわち現在の合計特殊出生率を基準としたものであ

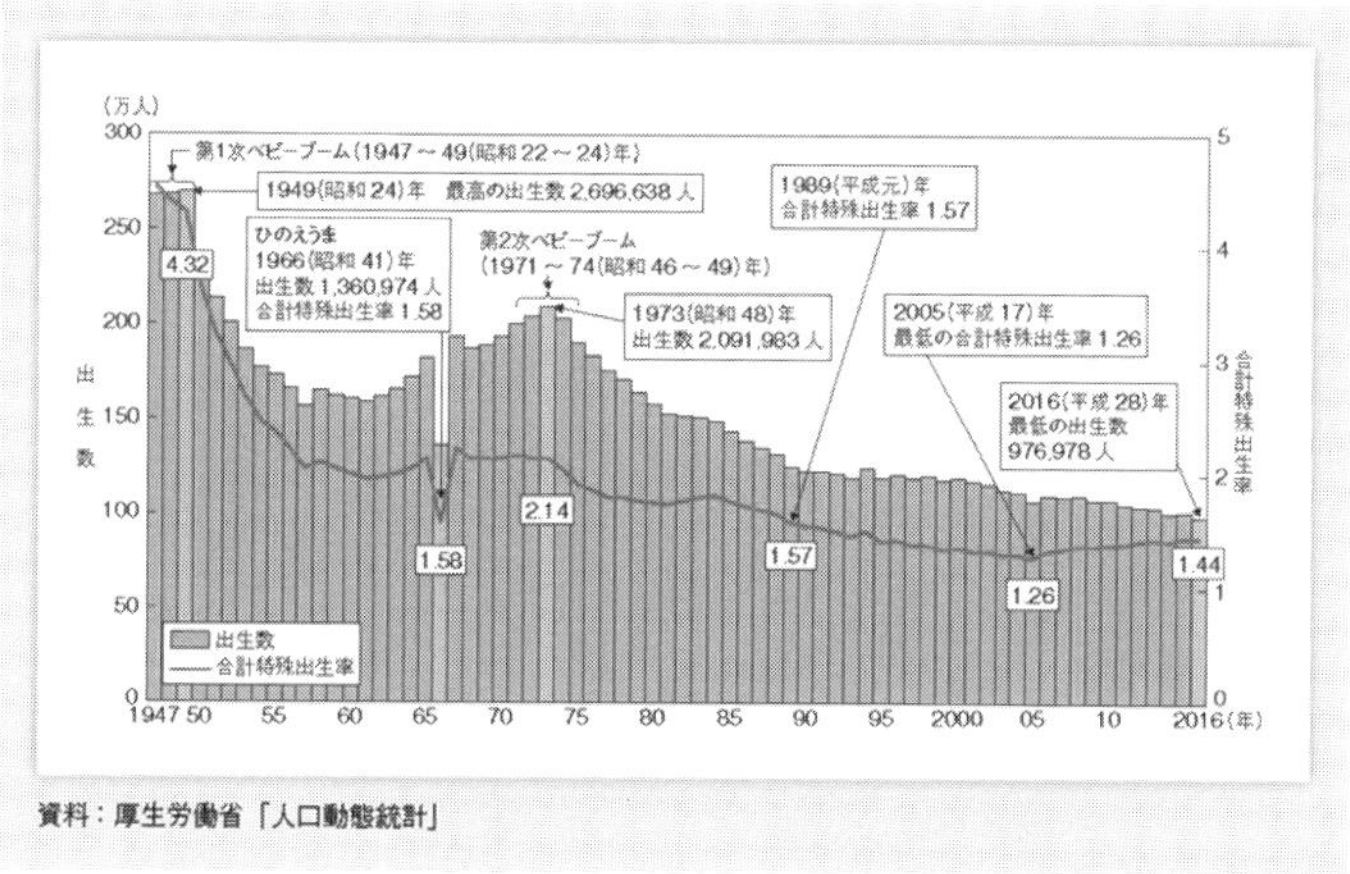

図8-4　出生数と合計特殊出生率の推移　（出典：内閣府「出生数・出生率の推移」、2017年）

り、合計特殊出生率が上昇した場合には子どもの割合は当然もう少し高くなる見込みである。[4]

合計特殊出生率は、15歳から49歳までの女性の年齢別出生率を合計したもので、1人の女性がその年齢別出生率で一生の間に生むとしたときの子どもの数に相当する。[5] 出生数と合計特殊出生率の推移を見ると、出生数は年々減少傾向にあり、合計特殊出生率も2005年に過去最低の1・26を記録してからやや上昇したものの1・44にとどまっている（図8―4）。合計特殊出生率の減少傾向は、欧米諸国（図8―5）も、アジア諸国（図8―6）も、同様である。イタリアや韓国など、日本よりも低い国もある。一方で、フランスやスウェーデンは2に近い出生率を維持しており、これらの国では、仕事と子育ての「両立支援」の施策を積極的に進めてい

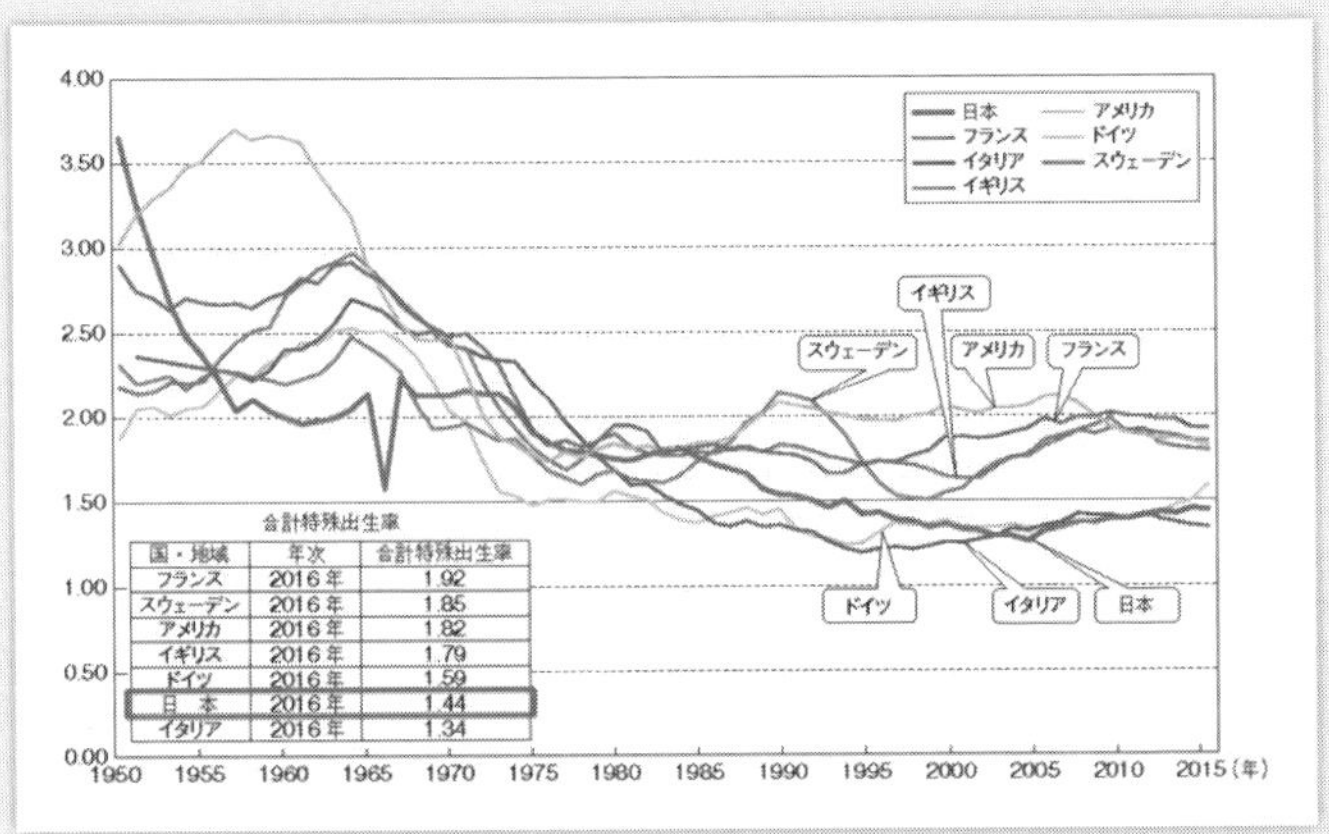

資料：諸外国の数値は1959年までUnited Nations "Demographic Yearbook"等、1960年~2015年はOECD Family database、2016年は各国統計、日本の数値は厚生労働省「人口動態統計」より内閣府作成。
注：2016年のフランスの数値は平成30年5月16日現在で暫定値となっている。

図8-5　欧米諸国の合計特殊出生率の推移　（出典：内閣府「世界各国の出生率」、2017年）

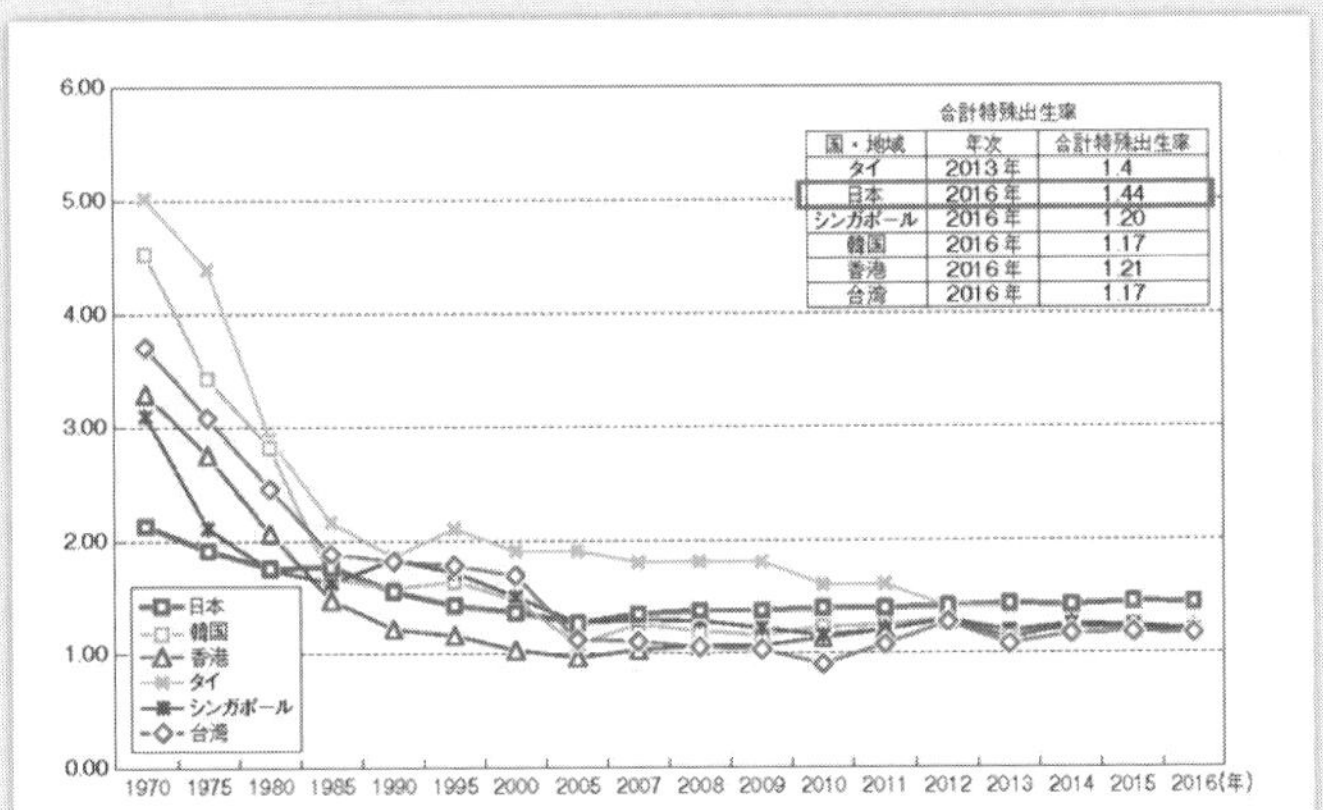

資料：United Nations "Demographic Yearbook"、WHO "World Health Statistics"、各国統計
日本は厚生労働省「人口動態統計」を基に内閣府作成

図8-6　アジア諸国の合計特殊出生率の推移　（出典：内閣府「世界各国の出生率」、2017年）

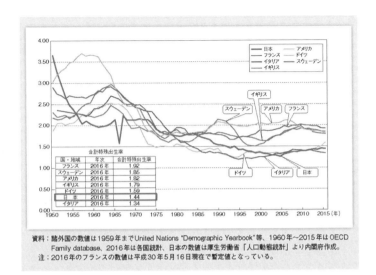

るところに共通点がある。

日本においても、「結婚・妊娠・出産・育児の切れ目ない支援」をかかげ、「両立支援」などの少子化施策が推進されている。しかし、現状では合計特殊出生率の上昇にはつながっていない。そもそも、これらの施策には課題もあり、例えば、2016年に「保育園落ちた日本死ね!!!」という子育て女性の悲痛な訴えで注目された保育園の待機児童問題については、「子育て安心プラン」(2018年)を策定するなど対策を立ててはいるものの、いまだに解決されたとは言い難い状況にある。

そもそも、保育園を新設しようにも、「子どもの声がうるさいから迷惑」など建設を反対されるケースがあるなど、対策が思うように進まない実情もあるようだ。「子どもがうるさい」「子連れで来るな」など、子どもや子育てする親に対して厳しい声が社会の至る場面で聞かれる。誰もが子ども時代を過ごしていまがあるにもかかわらず、なぜ次代を担う子どもに厳しいのだろうか。これでは、安心して子どもを生み、育てることが難しい。合計特殊出生率の上昇は夢のまた夢である。少子化の解消には、制度や施策はもちろん重要だが、それ以上に私たちの意識が問われていることは間違いない。

第2節　都市の過密化と地方の過疎化のなかで

　第二次世界大戦後の高度経済成長期、日本の産業構造は大きく変化し、これに伴って都市部に人口が流入、集中するようになった。それ以前の第一産業を主体とした時代にあっては人口の7割が地方の農村・漁村などに分布していたが、高度経済成長期を経て、人口の6割が第二次産業の中心地である3大都市圏（東京、大阪、名古屋）を中心とした「太平洋ベルト地帯」に集中するようになった。しかも、3大都市圏は急速に過密化する一方、地方では過疎化が進み、人の住まなくなった集落（廃村）が増えていった。過疎地域への対策として1970年には「過疎地域対策緊急措置法」が制定されている。

　これら都市部の過密化、地方の過疎化は過去の話ではなく、状況は現在においても変わっていない。とりわけ、過密化においては、東京を中心とした首都圏（神奈川、千葉、埼玉）への集中が進み、「東京一極集中」と批判されている。また、前節で述べた少子化、高齢化とも相まって、地方の過疎化は深刻の度合いを増している（表8―2）。

　日本生産性本部が設けた日本創成会議は、2040年までに全国の約半数の市町村が「消滅可能性都市」であると2014年に指摘し、社会に大きな衝撃を与えた。この「消滅可能性都市」は、少子化や過疎化で存続が難しくなる市町村を意味しているが、より具体的には2040年時

表8-2　都道府県における過疎市町村の割合(2017年4月1日現在)

過疎市町村の割合の高い都道府県		過疎市町村の割合の低い都道府県	
島根県	100%	大阪府	2.3%
鹿児島県	95.3%	神奈川県	3.0%
秋田県	92.0%	埼玉県	6.3%
大分県	88.9%	愛知県	9.3%
愛媛県	85.0%	滋賀県	10.5%

※過疎市町村は、過疎地域市町村、過疎地域とみなされる市町村、過疎地域とみなされる区域のある市町村の合計(全国過疎地域自立促進連盟「過疎市町村の数」をもとに作成)

点で20歳から39歳の女性人口が半減する市町村を指している。「消滅可能性都市」の割合が高い都道府県としては、秋田県96・0%、青森県87・5%、島根県84・2%など地方で顕著であり、逆に、愛知県10・1%、神奈川県16・1%、東京都17・7%など都市部を抱える都道府県では低くなっている。ただし、東京都内でも豊島区など「消滅可能性都市」に挙げられている自治体もある。(6)

市町村(自治体)単位ではなく、自治体内のより小さな区域(集落など)で見ると、過疎化の状況はより深刻である。「65歳以上の高齢者が集落人口の半数を超え、冠婚葬祭をはじめ田役、道役などの社会的共同生活の維持が困難な状態におかれている集落(7)」を「限界集落」というが、国土交通省の2006年度の調査によると、過疎市町村内の集落「全体の約15%(8859集落)では、機能が低下もしくは維持困難になっている。特に、小規模集落や高齢化の進んだ集落ではその傾向が顕著であり」、「また、役場（本庁）からの距離が20㎞以上の集落の約25％、山間地の集落の約3割、地形的に末端に位置する集落の約4割が、同様に機能低下もしくは維持困難と考えている」[8]としている。ただし、こうした「限界集落」論には、「限界集落」という言葉が過疎地域にマイナスイメージを与える、そこに暮らす人々の声に耳を傾けることなく「限界」というレッテルを貼っているなど、さまざまな視点から多くの批判もなされている。[9]

伝統的な過疎対策は、産業振興やインフラ整備を中心に行われてきた。しかし、山下祐介は「裏目に出た」という。それは、「インフラが整備されて、年寄りだけでも暮らせるような環境ができると、若い人はますます都会へ集まって」しまうからである。[10]

こうしたなかで、安倍前政権肝入りで２０１４年に登場したのが「地方創生」であり、「ローカル・アベノミクス」と呼ぶ人もいる。政府の説明によると、「東京圏への人口の過度の集中を是正し、それぞれの地域で住みよい環境を確保して、将来にわたって活力ある日本社会を維持することを目的」[11]としている。いわば、過疎対策だけでなく、地域開発、都市政策などの諸政策に共通する基本理念といってもよいだろう。「地方創生」施策のベースとして、４つの基本目標「稼ぐ地域をつくるとともに、安心して働けるようにする」「地方とのつながりを築き、地方への新しいひとの流れをつくる」「結婚・出産・子育ての希望をかなえる」「ひとが集う、安心して暮らすことができる魅力的な地域をつくる」のもと、まち・ひと・しごと創生「長期ビジョン」

「総合戦略」「基本方針」が策定されている。[12]

井上武史は、政策の分析を通して、「地方創生には一定の意義があり」としつつも、「現段階は緒に就いたばかりであり、具体的なデータ等を用いて検証することは難しい」[13]とも述べている。効果があってこその政策である。はたして「地方創生」が本節と前節で述べた諸課題の解決に向けてどれほど実効性を持つのだろうか。その検証が待たれる。

第3節　地域を活性化するカギは「学校」の存在

地域を衰退・消滅に導く要因の一つが学校の統廃合であると指摘するのは、先にも引用した山下である。[14] 山下は、次のような事例を紹介している。「ある統廃合は完全に山越えで、別の都市に行ってぐるっと回ってふもとの自治体の学校に行くというとんでもない統合で」、「もう子どもの足どころか大人の足でも絶対通えない統合を行ってしまいました」。こうした学校の統廃合が、ここ10年くらいで加速度的に進んでいるという。

では、なぜ統廃合が行われるのだろうか。少子・高齢化、過疎化のなかで自治体の財政問題が大きいのだろうと多くの人が考えることだろう。しかし、山下は、それだけではないという。次のような興味深い指摘をしている。「大体どこでもＰＴＡが「統廃合したい、統廃合してくれ」

と強く主張」するというのである。保護者の小規模校での教育や地域の将来への不安という心理的な要因からである。もちろん、これに対しては、当然、「学校がなくなれば地域がなくなるという不安の中で地域がなんとか残してくれ」といい、自治体の首長や議員も「学校だけは残す」と決まり文句の口約束をする。ところが、「当の児童を抱えている親たち自身が「捨てられるのではないか」「自分たちの地域がなくなっていくのではないか」という不安から一方で自ら（町の中心部に）逃げて、どうしても逃げ切れない人たちがあきらめて自分の子どもたちだけはとにかく大きい学校に自分の車でも何でもいいから通わせたいという形の動き」をするのだと山下は述べている。こうして、結果的に、地域から子育て世代がいなくなり、学校に通う子どももいなくなり、学校を統廃合せざるを得なくなる。

ここまでの山下の指摘をふまえるならば、逆に、学校をうまく生かすことで、教育機能の強化を図り、子どもを持つ親の不安を軽減するとともに、地域の魅力を高め活性化することが可能ということもできよう。その一つの取り組み例が、学校に社会教育などの公共施設・機能を複合化することである。そうすることで、学校が子どもの教育機能を担うだけでなく、世代を問わずすべての人が集える地域のハブになれる。文部科学省は、学校と公共施設、とりわけ社会教育施設の複合化の意義を次のように述べている。「児童生徒の学びの場としてだけでなく、地域にとっても生涯学習の場となるとともに、伝統文化や行事の継承などを通して、地域のコミュニティの形成にも寄与することができる」[15]。

学校に社会教育などの公共施設・機能を複合化する事例のなかには、図書館も含まれる。例えば、筆者が2019年10月に訪問した島根県隠岐諸島の知夫村では、村立知夫小中学校（小中一貫校）のなかに「知夫村図書館」が置かれている（図8－7）。「知夫村図書館」は、村（地域）の公共図書館としての機能を担うとともに、学校の学校図書館としても機能している。図書館内

図8-7　島根県知夫村の知夫村図書館の入口（学校の校舎1階）

図8-8　知夫村図書館内の学校図書館スペース

部には、学校図書館スペースが設けられているが、児童生徒に限らず誰でも利用できる（図8－8）。村立知夫小中学校内には、村教育委員会事務局も置かれており、村（地域）の教育の中核拠点となっている。

また、後掲のコラムに詳しいが、同じ隠岐諸島の海士町では、学校図書館も含めた「島まるごと図書館」という独自の取り組みを進めている。町内に2つある町立小学校（海士小学校、福井小学校）の学校図書館は、学校図書館であるとともに町の図書館の児童サービスの拠点、また、町内に1つずつ設置されている町立中学校（海士中学校）と県立高等学校（隠岐島前高等学校）の学校図書館は、学校図書館であるとともにヤングアダルト（ディーンズ）サービスの拠点としての性格も有している。この海士町の取り組みは、施設の複合化ではなく、機能のみの複合化であるが、教育機能の強化や地域の活性化に図書館を生かすという視点においては、ここまでの記述に適う事例の一つといえる。

ところで、文部科学省の調査研究協力者会議が2015年11月にまとめた報告書『学習環境の向上に資する学校施設の複合化の在り方について～学びの場を拠点とした地域の振興と再生を目指して～』では、学校と公共施設の複合化の件数が示されている。[16] それによると、延べ件数で小学校1万1553件、中学校1841件のあわせて1万3394件となっている。

このうち、学校と複合化している公共施設の88・7％が放課後児童クラブと地域防災用備蓄倉庫で占められている。それ以外はわずか11・3％に過ぎないが、そのなかで最多のものが社会教育施設（510件）となっている。このうち、公共図書館との複合化件数は、小学校38件、中学校7件のあわせて45件となっている。

公共図書館などの社会教育施設が複合されていなくとも、地域に対して学校図書館の利用を開放する取り組みは都市部も含めてこれまでにも実践されてきたところではある（学校図書館の地域開放）。その法的根拠は、「学校図書館法」第4条第2項の「学校図書館は、その目的を達成するのに支障のない限度において、一般公衆に利用させることができる」である。こうした学校図書館の地域開放という視点も、今後の地域と学校そして学校図書館との関わりにおいて、改めて捉え直していきたいところである。

【注・引用文献】

（1）総務省統計局「（統計トピックスNo.121）統計からみた我が国の高齢者――「敬老の日」にちなんで――高齢者の人口」（https://www.stat.go.jp/data/topics/topi1210.html）、2019年

（2）長寿科学振興財団「日本は世界一の長寿社会」（https://www.tyojyu.or.jp/net/kenkou-tyoju/tyojyu-shakai/sekaiichi.html）、2019年

（3）佐藤典子「超高齢社会日本の現状――長生き社会日本とケアの実情」『千葉経済論叢』56号、2017年、

21―32頁
（4）内閣府「選択する未来」委員会『選択する未来――人口推計から見えてくる未来像』、2015年、23―25頁
（5）厚生労働省「合計特殊出生率について」（https://www.mhlw.go.jp/toukei/saikin/hw/jinkou/geppo/nengai11/sankou01.html）、2012年
（6）「消滅可能性都市とは」『日本経済新聞電子版』2014年9月24日配信
（7）大野晃「山村集落の現状と集落再生の課題」『年報村落社会研究』45号、2009年、45頁
（8）国土交通省『平成18年度「国土形成計画策定のための集落の状況に関する現況把握調査」～最終報告～』、2008年、3頁
（9）山本努「限界集落論への疑問」『県立広島大学経営情報学部論集』6号、2014年、113―123頁
（10）山下祐介「過疎集落の現状と再生に向けて――第37回政策研究セミナー」『調査研究情報誌ECPR』2、2014年、44頁
（11）内閣官房・内閣府「地方創生総合サイト」（https://www.kantei.go.jp/jp/singi/sousei/index.html）
（12）前掲（11）
（13）井上武史「地方創生の意義と課題についての一考察――従来の主要な政策との比較から」『ふくい地域経済研究』24号、2017年、66頁
（14）前掲（10）、46頁
（15）文部科学省学校施設の在り方に関する調査研究協力者会議『学習環境の向上に資する学校施設の複合化の在り方について～学びの場を拠点とした地域の振興と再生を目指して～』、2015年、45頁
（16）前掲（15）、11―13頁

【コラム】

海士町・島まるごと図書館構想の歩み

磯谷奈緒子

２００７年、図書館のない離島・海士町が存続をかけ、人づくりの重点施策として「島まるごと図書館構想」をスタートさせた。ゼロからはじまった図書館事業も２０１０年の町立図書館開館を経て14年目を迎える（図1）。

この構想は「島まるごと」という名の通り、島のあちこちに本を置くことで本を身近に感じ、利用してもらうための分散型運営システムである。地区公民館や港への分館設置にはじまり、病院・歴史資料館・ホテル・学習センターなどさまざまな施設から設置の要望をいただくようになり、予想を超え年々増え続けている（図2）。２０２１年1月現在で地域分館18、保育園・学校図書館５の合計26か所に小さいながらもブックスペースが点在している。立派な施設環境がなくとも地域・施設と連携しながら、一つずつ積み重ね出来上がったのが「島まるごと図書館」である。まちの理解・協力を得ながら図書館をつくるボトムアップ型の手法は、地域に根差した図書館、まちにフィットした図書館を目指す私たちにとって最善の道であったと思う。これは知恵と行動で課題を乗り越えるという町のキャッチコピー「ないもの

図1　海士町図書館

図2　港ブランチ海士

はない」に通じる取組となった。

学校図書館の取組は事業の中核をなすもので、学校での成果が構想推進の原動力となった。町の司書が学校図書館を兼務する方式は、難しさもあるが公共図書館と学校図書館の境界を超え、「町全体へどうやって図書館サービスを提供するか」という視点に常に立たせてくれた。

学校図書館が子どもたちにとって一番身近な図書館であること。すべての子どもたちに豊かな図書館体験を直接提供できる絶対的強みを持っていること。図書館のある日々を過ごした子どもたちに対し図書館への親しみと信頼を築けること。これら学校図書館の特性を理解した上で、学校図書館を児童・青少年サービスの重点施設と位置づけ、充実を図ってきた。

町内には保育園1園、小学校2校、中学・高校が1校ずつあり、2007年から全校に学校司書を配置している。しかし、島根県による司書配置事業の2年前だったこともあり、学校現場では受け入れに戸惑いが見られた。その当時、朝読書と読み聞かせの時間はあるものの、図書館は閑散とした状態で学級文庫が利用の中心であった。司書が配置され、図書環境整備が進むにつれ、徐々に児童・生徒・教員が図書館に足を運んでくれるようになった。

その後、小・中学校の改修工事があり、校舎奥から学校の中心に図書館が移動となったことで、学校生活と図書館が連動しやすくなり、自然と日常的利用が増えていった。児童玄関前に図書館がある福井小学校では、地域への一般開放も行っており、学校を訪れる人の居場所・交流・待合いスペースとして、地域と人をつなぐ場になっている(図3)。

学校図書館推進の中心的役割を担ってきたのは、小・中・高の司書教諭と学校司書からなる図書部会である。2008年の発足以来、小〜高校

図3　福井小学校（2019年）

の体系指導表の導入、家読イベントの開催、運営の課題・方策の話合いといった活動を進めてきた。町内の学校図書館が同じ方針・目標のもと連携して取り組むことで、保育園～高校まで充実した図書環境を子どもたちに提供することが可能となった。

児童・生徒を対象にした2020年度末実施の読書アンケートでは、読書が大好き・好きと答えた児童・生徒が63％、ふつうが32％、嫌いが5％という結果が出た。各校の蔵書冊数も8000～1万冊に増加し、古い本は廃棄され棚には新しい本が並んでいる。島外から見学に来た方に、都市部より図書環境が充実しているという感想を聞くようにもなった。公共図書館および学校図書館を兼務する司書が二つをつなぐ役割を担うことで、一体となった図書館づくりを進めることができた。学校図書館活用の基本的枠組みができ、読書や図書館利用が日常化したが、授業活用の面で課題が残る。解決には学校教育のなかで学校図書館および司書の役割・位置付けを明確化し、教育課程の展開に寄与するためのしくみを構築する必要がある。しかし、これを学校単独で実現することは難しい。図書館と学校現場の声をしっかり届け、国・市町・学校が連携し、この課題に向き合うべき時がきているのではないだろうか。

これまで、「学校図書館が島の子どもたちにできることは何か」を問いながら学校現場で過ごしてきた。離島という環境下では、人との出会いや体験の幅が制限され、視野が狭くなりがちである。学校図書館が広く多様性に満ちた世界の入口として存在していければと思っている。社会に興味を持ち知ろうとすること、じっくり考えることなど、さまざまな営みが自然と生まれていく場になればと願う。

乗り越えるべき課題はまだまだあるが、子どもたちに「利用しないともったいない」「楽しそう」と思ってもらえるような魅力的な学校図書館を、地域・公共図書館をはじめみんなでつくっていきたい。

終章　変化・成長する有機体としての学校図書館

ここまでの各章から、多様で複雑、しかも変化の激しい現代社会のなかで、学校教育、そしてそのなかにある学校図書館もさまざまな取り組みや試みを行っていることが伝わったのではないかと思う。もちろん、それらに対する効果や評価は、今後に待つ部分、読者のみなさんに委ねる部分も多分にある。しかし、学校図書館は、「静かに読書するところ」、「本好きの子どもが利用するところ」といった読書との関わりだけで固定的に捉えるべきではなく、変化し成長していく存在であるということだけは確かである。その変化し成長する学校図書館の要となるのは、やはり職員である。

第1節　学校図書館は変化・成長し続ける存在

学校図書館に限らず、図書館は変化し成長していく存在であることは、以前から指摘されている。その代表的なものが、インドの図書館学者ランガナタン（Shiyali Ramamlita Ranganathan：1892—1972）が1932年に発表した「図書館学の五法則」の第5法則「図書館は成長する有機体である」だろう。

ランガナタンは、32歳でマドラス大学図書館の館長に就任し、以降、インドの図書館発展を牽引したことから「インド図書館運動の父」と呼ばれている。「図書館学の五法則」とともに「コロン分類法」を考案したことでも国際的に知られる。(1)

ランガナタンによる「図書館学の五法則」は、次の5つからなる。(2)

第1法則　本は利用するためのものである（Books are for use）
第2法則　すべての読者に、その人の本を（Every reader, his book）
第3法則　すべての本を、その読者に（Every book, its reader）
第4法則　読者の時間を節約せよ（Save the time of reader）
第5法則　図書館は成長する有機体である（A Library is a growing organization）

このうち、第5法則「図書館は成長する有機体である」について、馬場俊明は次のように述べている。「生物学的には、成長する有機体は、新しい物質を吸収し、新しい形態の変化を受け入れ、進化を遂げるが、成長がとまったときには、生命の死滅である。それは図書館システムについても同じである」(3)。山浦美幸と須田智里も、「図書館は成長する生き物であり、社会情勢や時代のうねりを反映しつつ、さまざまな価値観を吸収し、保存し、伝えていくものである」(4)と述べている。一定不変ではなく、変化し成長し続ける存在だからこそ、時代が移り変わっても、図書館は人々から必要とされ続けることができているのである。その原動力として大きいのは、一定不変ではあり得ない利用者のニーズであり、それを機敏に察知して生かすことのできる職員の力量である。どんなに厳しい条件であろうとも、どんなに課題が山積していようとも、変化し成長し続けることを止めたら、図書館の未来はない。

とはいえ、厳しい条件や課題が山積するままでは、今後の変化の可能性と成長の伸びしろを制約することになってしまう。ランガナタン自身も、「あたかも図書館は固定していて、本も、利用者も、職員も、その数が増えないものとして、組織しようとすることは、誠に許しがたい」(5)と記している。

課題の解決には、図書館の努力はもちろんのこと、図書館の設置者や周囲の人たちの支えが不可欠である。とりわけ、利用者には、図書館にニーズを寄せてもらうだけでなく、そのニーズに応え得る図書館に変化し成長するために、図書館が抱える課題の解決に向けてのよき理解者、よき協力者、よき支援者となってもらうよう、図書館側から働きかけていくことも大切であろう。学校図書館でいえば、特に学校図書館担当者以外の教職員（もちろん管理職を含む）や保護者をいかに巻き込むかが重要となる。

第2節　学校図書館の変化と成長のカギをにぎる職員とその位置づけ

（1）学校図書館の職員をめぐって

本書の序章では、学校図書館に限らず、図書館にはその機能を高め、発揮するために欠かせない4つの要素があると述べた。すなわち、「施設」「資料（メディア）」「職員」「利用者」である。この4つの要素は、そのまま、学校図書館の変化と成長に欠かせない要素と言い換えることができる。なかでも、カギを握るのは職員である。各要素をつなぎ、総体としての図書館の変化と成長を実行できるのは職員にほかならないからである。

とはいえ、同じく序章で述べたように、学校図書館の職員をめぐる現状は課題が多い。司書教諭と学校司書の2職種併存の日本にあっては、そのどちらもが脆弱な状態にある。もちろん、1953年の「学校図書館法」制定以後、幾度の法改正によって、司書教諭も学校司書もテコ入れを図ってはいるが、いずれも軽微なテコ入れであり、課題の抜本的な解決には至っていない。司書教諭については、12学級以上の規模の学校にしか設置が義務づけられておらず、また、主幹教諭、指導教諭、教諭の充て職とされ、定数措置もないため、専任の司書教諭は公立学校にあってはほぼ皆無に等しい。資格も5科目10単位の講習修了にとどまる（前提として幼稚園、養護教諭、栄養教諭を除く教育職員免許状が必須）。学校司書についても、2015年から法制化されたとはいえ、設置は努力義務にとどまる。そもそも、養成のための「学校司書のモデルカリキュラム」は文部科学省により提示されたものの、資格は創設されなかった。

こうした学校図書館の職員をめぐっては、そのあり方についていくつかの考え方が業界団体や研究者によって提示されている。簡潔に整理すると、（1）現行の2職種併存のまま、それぞれの課題を解決しようとする考え方と、（2）1職種に統合し、強化していくという考え方に分けられる。後者には、さらに①現行の司書教諭に学校司書を統合する考え方、②現行の学校司書に司書教諭を統合する考え方、③まったく新たな専門職を創設する考え方がある。それぞれの考え方をここで説明することはしないが、（1）の考え方は現実路線、（2）のそれぞれの考え方は将来を見据えての提案といえる。

筆者としては、（2）の③の考え方を支持している。現行の職制に依拠すると、感情的な対立を生じ、建設的な議論が難しくなる恐れもあるからである。（2）の③の考え方の代表例が、

2003年〜2006年にかけて行われたLIPER（情報専門職の養成に向けた図書館情報学教育体制の再構築に関する総合的研究）の提案である。このLIPERでは、新たに「学校内情報メディア専門職」の創設とその養成カリキュラムを提案している。これは、LIPERに関わった根本彰によると、「司書教諭や学校司書の延長線上に置くのではなくて、新たに学校内で情報やメディアに関わる部門を総合的に扱う専門職」[6]と説明している。

学校図書館の職員を強化していくには、より抜本的な法改正なしには実現できない。しかし、その前に、学校図書館関係者によって、職員をめぐる考え方をある程度すり合わせる作業を進め、法改正の機運を高めておく必要があるだろう。業界内でいくつもの考え方が存在する現状のままでは、強化を図るための制度設計は困難であるし、政治を動かすことも難しいと思われる。

（2）学校図書館とその職員の校内での位置づけをめぐって

学校図書館の職員をめぐっては、（1）で述べた制度的な点だけでなく、校内での働きやすさの点も、職員が力量を発揮できるかどうかに大きく関わってくる。むしろ、こちらのほうは法改正など必要なく、学校経営のトップである校長の意識次第で改善できる可能性が大きい。

学校図書館の経営は、学校経営計画（方針）にもとづき、校務分掌の一つに明確に位置づけられて組織的に行われるべきとこれまでも言われてきたし、そうなっている学校も多い。しかし、校務分掌に学校図書館が位置づけられていなかったり、司書教諭は置かれているのに学校図書館とはまったく関係ない分掌の仕事だけを任されているといったトンデモな学校も少なくないのが現実である。こういう学校の学校図書館では、得てして、熱心な司書教諭や学校司書が1人で孤軍奮闘して頑張っているが、組織的な取り組みではないため、当の司書教諭や学校司書が異動してしまうと、次につながらないという悲しい事態に陥る。これらは、すべて学校経営のトップである校長の責任である。学校図書館を生かすも殺すも校長次第といっても言い過ぎではない。

とはいえ、校長を責めるつもりはまったくない。これまで学校図書館とは無縁の教師生活を送ってきた、あるいは学校図書館について学ぶ研修の機会など一度もなかったなどという校長もいるだろう。また、多忙ななかで、悪気はなくとも学校図書館を気にかける余裕などまったくないという校長も少なくない。

そうしたなかで、2016年11月に文部科学省が通知した「学校図書館ガイドライン」は、画期的な意味合いを持つ。というのは、校長が学校図書館の館長としての役割を担うことを明示したからである。「学校図書館ガイドライン」では、次のように述べている。「校長は、学校図書館の館長としての役割も担っており、校長のリーダーシップの下、学校経営方針の具現化に向けて、学校は学校種、規模、児童生徒や地域の特性なども踏まえ、学校図書館全体計画を策定するとともに、同計画等に基づき、教職員の連携の下、計画的・組織的に学校図書館の運営がなされるよう努めることが望ましい。」「校長は、学校教育における学校図書館の積極的な利活用に関して学校経営方針・計画に盛り込み、その方針を教職員に対し明示するなど、学校図書館の運営・活用・評価に関してリーダーシップを強く発揮するよう努めることが望ましい」。

校長に館長としての意識を持ってもらうために、長野県茅野市のように、教育委員会が校長に館長の辞令を交付するというのも有効だろう。また、校内で司書教諭や学校司書が機会あるごとに校長を館長と呼ぶようにしたり、「図書館だより」に「館長コーナー」を設けて不定期でもよいので校長にお薦めの本などを紹介してもらうのもよいだろう。それを子どもだけでなく、保護者にも読んでもらうことで、校長が館長という認識が広がっていく。

欲をいえば、学校図書館の一角にオープンな校長（館長）室があって、学校図書館を核として校長＝館長がいつでも気軽に子どもや教職員、さらには保護者と触れ合える学校ができたら、どんなによいだろうか。司書教諭や学校司書からしたら仕事がしづらいかもしれないが……。でも、これくらい大胆で柔軟な発想での変化と成長がこれからの学校教育の基盤である学校図書館にはあってもよいと思っているし、あってほしいと願っている。

なお、本書執筆時に新型コロナウイルス感染症（COVID—19）の感染拡大が起こった。それに伴い、学校は臨時休校を余儀なくされ、子どもの学びを止めないためにオンライン授業に取り組むところも多かった。学校図書館も、こうした予期せぬ状況の中で何ができるのかを模索し、さまざまな試みがなされた。本書の最後に補章としてまとめておきたい。

注・引用文献

（1）吉植庄栄「S・R・ランガナタンに見られる教育の概念と学校図書館観」『教育思想』42号、2015年、20頁
（2）ランガナタン著、渡辺信一・深井耀子・渋田義行共訳『図書館学の五法則』日本図書館協会、1981年、425頁
（3）馬場俊明「ランガナタンの5法則による私見――大学図書館のあり方について」『大学図書館研究』41号、1993年、33頁
（4）山浦美幸・須田智里「有機体図書館――人が公共図書館を育てる」『上田女子短期大学紀要』34号、2011年、25頁
（5）前掲（2）、306頁
（6）根本彰『教育改革のための学校図書館』東京大学出版会、2019年、273頁

参考文献

塩見昇・根本彰『日本の学校図書館専門職員はどうあるべきか――論点整理と展望（LIPER3シンポジウム記録）』東京大学大学院教育学研究科生涯学習基盤経営コース図書館情報学研究室、2013年、54頁
「情報専門職の養成に向けた図書館情報学教育体制の再構築に関する総合的研究」研究班『LIPER報告書』

(http://old.jslis.jp/liper/report06/report.htm)、2006年
全国学校図書館協議会監修『司書教諭・学校司書のための学校図書館必携：理論と実践（改訂版）』悠光堂、2017年、273頁
野口武悟・前田稔編著『改訂新版　学校経営と学校図書館』放送大学教育振興会、2017年
堀川照代編著『「学校図書館ガイドライン」活用ハンドブック　解説編』悠光堂、2018年、151頁
堀川照代編著『「学校図書館ガイドライン」活用ハンドブック　実践編』悠光堂、2019年、178頁
ランガナタン著、竹内悊解説『図書館の歩む道――ランガナタン博士の五法則に学ぶ』日本図書館協会、2010年、295頁
吉植庄栄「S・R・ランガナタン『図書館学の五法則』に見られる教育の概念――図書館を人間形成の観点で見る」『教育思想』39号、2012年、97―114頁

補章　新型コロナウイルスの感染拡大と学校図書館

2020年の年明け間もなくから世界規模での感染拡大に至った新型コロナウイルス感染症（COVID—19）。人類は、ペスト、コレラ、スペインかぜなど、これまでにも幾度となく世界規模で拡大した感染症と闘ってきた歴史がある。しかし、それは歴史であって、まさか現代社会で突如としてそうした闘いを再び強いられることになろうとは思いもよらなかったというのが多くの人の本音ではないだろうか。本章を執筆している2020年12月の時点でも、新型コロナウイルス感染症の感染拡大は止まらず、残念ながら、終息の兆しはまったく見えていない。

新型コロナウイルス感染症の感染拡大とともに、私たちの暮らしも激変した。外出自粛が叫ばれ、テレワークに移行する企業も増えた。飲食店などへの休業要請も行われ、従わない店舗への嫌がらせも横行した（「自粛警察」なる言葉さえ生まれた）。こうした嫌がらせには、人々の不安とストレスも大きく影響しているように思われる。しかし、許され得ることではない。人間同士でいがみ合っても、何の解決にもならない。向き合うべき相手は、新型コロナウイルスである。自らがウイルスに感染しない、他人に感染させない対策を自分自身で徹底して行うしかない。

終息の兆しが見えないなかで、今後数年にわたって（あるいは場合によってはこれからずっと）、新型コロナウイルス感染症とともに暮らしていかなければならないのかもしれない。政府の専門家会議によって「新しい生活様式」が提言（5月4日）されるなど、「ｗｉｔｈコロナ」生活を不安やストレスを軽減しながらどう維持していくのか、模索が続いている。

本章では、こうした状況のもとでの学校と学校図書館の対応を２０２０年12月の時点でまとめる。

第1節　感染拡大を受けての学校の対応

新型コロナウイルス感染症の感染拡大を受けて、学校では、一時期、休校するところが多かった。卒業式や入学式といった子どもやその保護者にとって一生の思い出になるはずの学校行事さえ中止せざるを得ない事態となった。文部科学省の調査によると、新型インフルエンザ等対策特別措置法に基づく政府の「緊急事態宣言」の最初の発令（２０２０年4月7日に東京都など一部区域で発令しのちに全国に拡大、5月25日に全面解除）下の２０２０年5月11日時点で、全国の実に86％の学校が休校していたという(1)（**表補—1**）。全国規模でこれほど多くの学校が感染症の感染拡大を受けて休校する事態は、日本では初めてのことではないだろうか。

では、休校中の学習指導はどのように実施したのだろうか。この点についても、文部科学省が２０２０年４月16日時点の状況を調査したデータがある（公立学校のみ）。家庭での学習については、「教科書や紙の教材を活用した家庭学習」が全校（１００％）で行われていた一方で、「同時双方向のオンライン指導を通じた家庭学習」（いわゆるオンライン授業）の実施はわずか５％に過ぎなかった(2)（表補―2）。「教育委員会が独自に作成した授業動画を活用した家庭学習」と「上記以外のデジタル教科書やデジタル教材を活用した家庭学習」をあわせても、ＩＣＴを活用した学習指導は５割にも満たない状況であった。第４章でも述べたように、日本の学校教育における情報化の遅れが、ここでも露呈した格好となった。

文部科学省の同じ調査では、家庭での学習以外にも、登校日の実施の有無と取組内容、その他の学習等の支援についても明らかにしている（２０２０年４月16日時点）。あわせて紹介しておこう。

表補-1　臨時休校していた学校の割合
（2020年5月11日時点）

学校種	公立	国立	私立	合計
幼稚園	77%	84%	69%	73%
小学校	88%	90%	90%	88%
中学校	88%	90%	92%	88%
義務教育学校	87%	100%	100%	88%
高等学校	90%	93%	88%	89%

（出典：文部科学省「新型コロナウイルス感染症対策のための学校における臨時休業の実施状況について」、2020年5月）

表補-2　休校中の家庭での学習の状況（2020年4月16日時点：複数回答）

学習の形態	割合
教科書や紙の教材を活用した家庭学習	100%
テレビ放送を活用した家庭学習	24%
教育委員会が独自に作成した授業動画を活用した家庭学習	10%
上記以外のデジタル教科書やデジタル教材を活用した家庭学習	29%
同時双方向のオンライン指導を通じた家庭学習	5%
その他	12%

（出典：文部科学省「新型コロナウイルス感染症対策のための学校の臨時休業に関連した公立学校における学習指導等の取組状況について」、2020年4月）

表補-3　登校日に行う取組内容（2020年4月16日時点：複数回答）

取組内容	割合
学習指導（学習状況の確認や補習等）	92%
生徒指導	73%
児童生徒の健康観察	96%
教科書・教材の配布	60%
昼食の提供	5%
その他	11%

（出典：文部科学省「新型コロナウイルス感染症対策のための学校の臨時休業に関連した公立学校における学習指導等の取組状況について」、2020年4月）

臨時休校中に登校日を設定した学校は、38％であった。今後設定する予定の7％をあわせても5割を超えない。登校日に行う取組内容としては、「児童生徒の健康観察」や「学習指導」が多かった（表補―3）。

休校中に実施したその他の学習等の支援としては、「電話・FAXによる連絡」と「一斉電子メールによる連絡」が8割を超える学校で実施され、「教育委員会や学校

表補-4　休校中のその他の学習等の支援（2020年4月16日時点：複数回答）

支援の内容	割合
家庭訪問の実施	65%
電話・FAXによる連絡	84%
郵送による連絡	20%
電子メールによる連絡（個別連絡）	16%
同時双方向型のオンラインシステムを通じた連絡	5%
一斉電子メールによる連絡	82%
教育委員会や学校等のホームページ等を通じた連絡	68%
児童生徒が利用可能な相談窓口の周知・設置	20%
その他	7%

（出典：文部科学省「新型コロナウイルス感染症対策のための学校の臨時休業に関連した公立学校における学習指導等の取組状況について」、2020年4月）

等のホームページ等を通じた連絡」と「家庭訪問の実施」も6割を超える学校で行われた（**表補―4**）。

こうした調査結果からは、制約の多い状況下でも学校の教職員が可能な限り子どもの学びを止めない努力をしていた様子がうかがわれる。しかし、**表補―2**に示したような学習では、十分な学びは保障できず、学習の遅れや学力の低下をきたすなどの意見も少なくなかった。こうした文脈から登場したのが「9月入学」議論である。諸外国で多い9月入学を日本でも実現しようという主張はもともと存在していたが、新型コロナ禍で新年度・新学期のスタートが上述したような状況の今こそ導入を検討するべきだというのである。4月30日には全国知事会が、9月入学の検討などを求める「新型コロナウイルス感染症対策に係る緊急提言」を公表し、一気に関心が高まった。賛否渦巻くなか、安倍前首相が「有力な選択肢」と発言するなど、9月入学の実現に向けて動き出すかに思われた。しかし、6月になると、一転して、見送りが政府から発表された。「緊急事態宣言」の解除が近づくなかで、拙速な導入に慎重な意見が増えていった。また、NHKの報道によると、自民党の国会議員のもとには、保護者から「9月になった場合、小学校に入学するまでの間、保育園が預かってくれるのか不安だ」「移行期には1学年の児童・生徒の数が1・4倍になるとも聞く。将来の受験や就職などで不利にならないか心配だ」など9月入学に反対する電話やメールが多く寄せられるようになったという(3)。かくして見送りとなった9月入学であるが、しかし、議論そのものは今後も続けていくべきテーマではあると筆者は考えている。

5月も半ばとなり、「緊急事態宣言」の解除が近くなると、前後して、登校しての授業を再開する学校も徐々に増えていった。とはいえ、一気に元に戻すのではなく、分散登校や時差通学などの形をとるケースも多かった。5月22日には、文部科学省が「学校の新しい生活様式」とサブタイトルが付けられた「学校における新型コロナウイルス感染症に関する衛生管理マニュアル」のVer.1が公表され、「3密」の回避などの対応が示された。ただし、当初のVer.1では、消毒作業など教職員への負担も大きかったこともあり、その軽減や、その後の感染予防対策の新たな知見を反映するべく、継続的な見直しが行われている。2020年12月3日には、「学校の新しい生活様式」のVer.5が公表された。

ここで不思議なのは、40人学級の見直し議論が盛り上がらないことである。「3密」の回避に最も有効なのは、法律（公立義務教育諸学校の学級編制及び教職員定数の標準に関する法律など）に定められた1学級当たりの児童生徒数を現在の40人（小学校1年生のみ35人）から20人程度に減らすことであろう。40人学級の弊害はしばしば指摘されてきたことであり、子どもの指導上もメリットは大きいはずだ。9月入学の導入よりも、制度変更は容易であるし、費用も低く抑えられると思われるが、議論が盛り上がる気配はいまのところない。9月入学に比して政治的に話題性が乏しいからだろうかと勘繰りたくなると、書いていたところ、12月末になって2025年度までに小学校で35人学級を実現するとの発表が出された。

2020年は夏休みも激変した。授業再開が5月中旬以降になった学校が多いことから、夏休みを短縮して授業を行うところが目立つ。夏休みが最短の学校では、わずか4日（8月12日〜15日）だと報じられた。[4] そうまでして授業をして、「学び」の効果はあるのだろうか。そうであるなら子ども本人も教職員も報われるが、そうでないとしたら疲弊するだけである。夏休みの教育的意義を軽視するべきではない。そもそも、休校中の家庭学習では学習の遅れや学力の低下をきたすなどの意見があったことはすでに述べた。夏休みの短縮は、そうした意見に応える側面も多分にあろう。しかし、そこで言われる学習や学力とは一体何を指しているのだろうか。第1章で述べたステレオタイプな学びをベースとしているとしたら、もはや時代遅れではないだろうか。今般のコロナ禍は、学校における「学び」のあり方を改めて見つめ直す機会なのかもしれない。

新型コロナウイルス感染症は、寒い季節（秋から冬）にかけて一層感染が拡大するのではないかという指摘も聞かれる。そうなったときに、高等学校や大学などの入学者選抜（入試）はいままでのような形で実施できるのかどうか未知数である。これからも、「ｗｉｔｈコロナ」が続く限り、学校の教職員にとっては手探りの対応が続いていくことになりそうである。

第2節　感染拡大を受けての学校図書館の対応

続いて、学校図書館に焦点を当てて見ていきたい。

学校の休校に伴い、学校図書館も休館を余儀なくされたところが多かった。文部科学省は、2020年4月21日に発出した通知「新型コロナウイルス感染症対策のために小学校、中学校、高等学校において臨時休業を行う場合の学習の保障等について（2文科初第154号）」のなかで、「学校図書館についても、感染症対策を徹底した上で、例えば、分散登校日を活用したり、時間帯を決めたりして貸出を行うなどの工夫を図ること」[(5)]とした。また、2020年4月23日には「休館中の図書館、学校休業中の学校図書館における取組事例について」をまとめ、公表している。(6) それによると、取り組みの事例を大きく4つに整理した上で、次のように紹介している。

時間を区切っての図書の貸出し

▼学校の休業期間中、時間を区切って図書を貸出し(児童生徒の居住地域ごとに時間を決めている例もある)。

▼貸出しを希望する児童生徒は職員に声をかけてから入室。

分散登校日を活用した図書の貸出し

▼学年ごとなどの分散登校日を設けている学校において、登校日に学校図書館を開館し、図書を貸出し。

▼貸出冊数を通常よりも増やすなどの対応。

郵送等による配達貸出し

▼貸出し可能な図書リストを各学校HPに掲載するなどの方法で児童生徒・保護者に周知。

▼児童生徒から電話やメールによりリクエストされた図書を、郵送や教職員によるポスト投函等により児童生徒の自宅に配達。

学校司書によるおすすめ絵本の紹介など

▼学校司書が、子どもたちに読んでもらいたい本や、おすすめの絵本などを選び、学校のホー

ムページ等で紹介。

これらの文部科学省による紹介事例からは、限られた条件のなかで工夫した取り組みをしていることがわかる。しかし、これらの事例は、学校図書館の読書センターとしての機能に当たるものばかりである。電話やメールなどによるレファレンスなどの学習センターや情報センターの機能に当たるような取り組みも行われていたものと推察されるが、取り上げられていない。

全国学校図書館協議会（以下、全国ＳＬＡ）も、「緊急事態宣言」下における学校図書館の対応を調査し、その結果を機関紙『学校図書館速報版』の２０２０年６月１日号、同６月15日号、同７月１日号で公表している。(7~9) 詳細は、『学校図書館速報版』の該当号を参照してほしいが、６月１日号では「学校休業に伴い、学校図書館も閉館と答えた学校が大半だったが、教職員の利用のために司書出勤日は開館し、本の貸出しを行っていたり、預け先のない児童のために開館していたりする学校もあった。中には、電子図書館の運用により、生徒が家でも利用できる学校もあった」などの調査結果を紹介している。

公共図書館では、非来館サービスとして電子書籍貸出サービス（電子図書館）が改めて注目されている。サービスを図書館向けに販売する事業者の一つ図書館流通センター（ＴＲＣ）によると、ＴＲＣのサービスを導入する公共図書館における２０２０年５月の電子書籍貸出実績は前年同月比526％で、3か月連続での増加だったという。[10] 新聞などのメディアもこぞって公共図書館の電子書籍貸出サービスが好調であると報じている。なお、電子出版の業界団体である電子出版制作・流通協議会（電流協）では、定期的に電子書籍貸出サービスを導入する公共図書館の数を公表しているが、2020年4月1日現在で91館となっている。[11] 今後も、コロナ禍での非来館サービスニーズの高まりを背景に、導入する公共図書館が増えるものと思われる。実は、学校図書館でも、コロナ禍前から、サービスを導入するところは増えつつあった。コロナ禍での休校措置を受けて、非来館サービスの必要性を認識する教育委員会（公立学校）や学校法人（私立学校）などから事業者への問い合わせが一段と増えていると聞く。学校図書館に関しては、電子書籍貸出サービスの導入状況についてのまとまった統計データは存在しないが、各事業者が公表している導入実績などから推察すると、2020年12月現在で300校程度と思われる。今後の動向が注目される。

このほか、青山学院大学の庭井史絵氏がウェブサイト「2020新型コロナウイルス対策下の学校図書館活動」（https://sites.google.com/view/covid19schoollibrary/top）を構築し、2020年5月16日から公開している。学校図書館関係の取り組みが総合的にまとめられており、参考になる。

文部科学省が5月22日に「学校の新しい生活様式」こと「学校における新型コロナウイルス感染症に関する衛生管理マニュアル」のVer.1を公表したことはすでに述べた。このなかでは、学

校図書館についても言及されている。その内容を12月3日に公表されたVer.5から確認しておきたい。(12)

学校図書館は、児童生徒の読書の拠点として、また学習・情報の拠点として、学校教育における重要な機能を果たしています。図書館利用前後には手洗いをするというルールを徹底し、また児童生徒の利用する時間帯が分散するよう工夫して図書館内での密集を生じさせない配慮をした上で、貸出機能は維持するよう取り組みます。

その上で、全国SLAが2020年5月14日に策定・公表した「新型コロナウイルス感染症拡大防止対策下における学校図書館の活動ガイドライン」(9月9日一部修正(13))を参考にするようにとの記述がある。

この全国SLAのガイドラインの趣旨は、次の通りである。「新型コロナウイルス感染症拡大防止の国の施策下において、学校は臨時休校措置が取られた。学校再開後も感染症対策を講じた上での教育活動が求められている。そのような状況下においても、学校図書館は、児童生徒の読書活動や学習活動を可能な限りサポートし、児童生徒の学びを保障することが必要である。新型コロナウイルス感染拡大を防止するために、学校図書館としてどう対応するか、基本的な在り方を示す」。国が示す方針や感染の状況、専門家等の新たな知見をふまえて、今後も、必要に応じてガイドラインの内容を更新するとしている。ガイドラインの構成としては、大きく「学校図書館としての基本的な考え方」「リスク評価」「休校中及び学校再開後の学校図書館新型コロナウイルス感染症対策の具体的な対策や取組例」の3つの柱から成る。「休校中及び学校再開後の学校図書館新型コロナウイルス感染症対策の具体的な対策や取組例」については、さらに、「開館にあたって」「資料の貸出等に関すること」「閲覧等、学校図書館利用に関すること」「情報発信」「蔵書点検など」「展示物など」「予算等に関すること」「電子書籍等」「イベント開催など」「授業再開後の児童生徒のケアなど」「その他」に項目分けされ、詳細かつ具体的に記述されている。ガイドラインの全文は全国ＳＬＡのウェブサイト（http://www.j-sla.or.jp/）に公開されているので、随時チェックして、最新の内容を確認、参考にしてほしい。

「ｗｉｔｈコロナ」における学校図書館の試行錯誤や模索は新型コロナウイルス感染症の終息まで続くことになる。その状況下での全国の学校図書館の担当職員（司書教諭、学校司書など）の取り組みは、しっかりと記録に残し、アーカイブしてほしいと願っている（先に紹介した庭井氏の取り組みはその嚆矢といえる）。またいつ出現するとも知れない未知のウイルスと対峙することになったときにも生かせるように。

注・引用文献

（1）文部科学省「新型コロナウイルス感染症対策のための学校における臨時休業の実施状況について」（https://www.mext.go.jp/content/20200513-mxt_kouhou02-000006590_2.pdf）（最終アクセス：２０２０年12月30日）

（2）文部科学省「新型コロナウイルス感染症対策のための学校の臨時休業に関連した公立学校における学習指導等の取組状況について」（https://www.mext.go.jp/content/20200421-mxt_kouhou01-000006590_1.pdf）（最終アクセス：２０２０年12月30日）

（3）ＮＨＫ「「9月入学」なぜ見送り?」『ＮＨＫ政治マガジン』２０２０年６月10日配信

（4）ダイヤモンド・セレクト編集部、森上教育研究所「最短わずか４日間!首都圏「中高一貫校」の夏休みは平均20日間に」『DIAMOND online』２０２０年７月21日配信

（5）文部科学省「新型コロナウイルス感染症対策のために小学校、中学校、高等学校において臨時休業を行う場合の学習の保障等について（２文科初第１５４号）」（https://www.mext.go.jp/content/20200421-mxt_kouhou01-000004520_6.pdf）（最終アクセス：２０２０年12月30日）

（6）文部科学省「休館中の図書館、学校休業中の学校図書館における取組事例について」（https://www.mext.go.jp/content/20200423-mxt_chisui01-000006766_1.pdf）（最終アクセス：２０２０年12月30日）

（7）全国学校図書館協議会「緊急事態宣言下の学校図書館は――全国ＳＬＡが休校中の学校図書館にアンケート」『学校図書館速報版』２０２０年６月１日号、２０２０年、１―５頁

（8）全国学校図書館協議会「緊急事態宣言下の学校図書館の状況――２０２０年５月の回答より」『学校図書館速報版』２０２０年６月15日号、２０２０年、24頁

（9）全国学校図書館協議会「緊急事態宣言下・その後の学校図書館の状況――２０２０年５月・６月の回答より」『学校図書館速報版』２０２０年７月１日号、２０２０年、20―21頁

（10）図書館流通センター「令和２年（２０２０年）６月16日付けリリース」（https://wwwtrccojp/information/

pdf/20200616_TRCrelease.pdf）（最終アクセス：２０２０年12月30日）

（11）電子出版制作・流通協議会「公共図書館電子図書館サービス（電子書籍貸出サービス）実施図書館（２０２０年４月１日現在）」（https://aebs.or.jp/pdf/Electoric_Library_Service_Implementation_Library20200401.pdf）（最終アクセス：２０２０年12月30日）

（12）文部科学省「学校における新型コロナウイルス感染症に関する衛生管理マニュアル～「学校の新しい生活様式」～Ver.５」（https://www.mext.go.jp/content/20200806-mxt_kouhou01-000004520_01.pdf）（最終アクセス：２０２０年12月30日）

（13）全国学校図書館協議会「新型コロナウイルス感染症拡大防止対策下における学校図書館の活動ガイドライン」（https://www.j-sla.or.jp/pdfs/sla-guidline20200619.pdf）（最終アクセス：２０２０年12月30日）

あとがき

本書では、現代社会の諸相を取り上げ、そのなかでの学校と学校図書館の変化や取り組みを見てきた。しかし、紙幅の関係もあり、取り上げられなかった側面も、まだたくさん残っている。例えば、持続可能社会がある。とりわけ、２０１５年９月に国際連合総会において持続可能な開発目標（ＳＤＧｓ）を含む「我々の世界を変革する――持続可能な開発のための２０３０アジェンダ」が採択されたことを受けて、日本の学校教育を含む各分野においても、さまざまな取り組みが行われている。ＳＤＧｓは、17のゴール（目標）と１６９のターゲット（達成基準）から構成され、「地球上の誰一人として取り残さない」社会の実現が目指されている。[1] ＳＤＧｓに示された17のゴールは次の通りである。[2]

目標１　あらゆる場所のあらゆる形態の貧困を終わらせる

目標2　飢餓を終わらせ、食料安全保障及び栄養改善を実現し、持続可能な農業を促進する
目標3　あらゆる年齢のすべての人々の健康的な生活を確保し、福祉を促進する
目標4　すべての人々への包摂的かつ公正な質の高い教育を提供し、生涯学習の機会を促進する
目標5　ジェンダー平等を達成し、すべての女性及び女児の能力強化を行う
目標6　すべての人々の水と衛生の利用可能性と持続可能な管理を確保する
目標7　すべての人々の、安価かつ信頼できる持続可能な近代的エネルギーへのアクセスを確保する
目標8　包摂的かつ持続可能な経済成長及びすべての人々の安全かつ生産的な雇用と働きがいのある人間らしい雇用（ディーセント・ワーク）を促進する
目標9　強靭（レジリエント）なインフラ構築、包摂的かつ持続可能な産業化の促進及びイノベーションの推進を図る
目標10　各国内及び各国間の不平等を是正する
目標11　包摂的で安全かつ強靭（レジリエント）で持続可能な都市及び人間居住を実現する
目標12　持続可能な生産消費形態を確保する
目標13　気候変動及びその影響を軽減するための緊急対策を講じる
目標14　持続可能な開発のために海洋・海洋資源を保全し、持続可能な形で利用する
目標15　陸域生態系の保護、回復、持続可能な利用の推進、持続可能な森林の経営、砂漠化へ

の対処、ならびに土地の劣化の阻止・回復及び生物多様性の損失を阻止する
目標16　持続可能な開発のための平和で包摂的な社会を促進し、すべての人々に司法へのアクセスを提供し、あらゆるレベルにおいて効果的で説明責任のある包摂的な制度を構築する
目標17　持続可能な開発のための実施手段を強化し、グローバル・パートナーシップを活性化する

学校におけるＳＤＧｓの取り組みについては、文部科学省のウェブサイト上で事例が紹介されている。(3) 初等・中等教育段階の学校に関しては、東京都江東区立八名川小学校におけるＥＳＤ（持続可能な開発のための教育）を中心としたＳＤＧｓの推進、お茶の水女子大学附属高等学校におけるＳＤＧｓ達成のための世界におけるジェンダー啓発イベントの開催など、６事例が紹介されている（２０２０年12月現在）。学校図書館では、ＳＤＧｓ関連の本の紹介や読み聞かせ、展示・掲示などを通してＳＤＧｓをより身近に感じ、理解してもらう実践なども行われている。(4)

学校図書館は、本書で取り上げられなかった側面も含めて現代社会と密接に関わりながら、絶えず変化し成長し続けている。その変化と成長を支え、後押しするのは、学校教育や学校図書館の研究や実務に携わる人々だけではない。子どもを学校に通わせている保護者を含めて多くの市民の存在が重要である。

市民のなかには、学校図書館ボランティアとして活動したり、教育委員会や各学校に資料（メ

ディア）の寄贈や資料購入費の寄付をしたりと積極的に学校図書館と関わっている人もいる。しかし、こうした積極的な関わりでなくとも、学校図書館への関心を持って、日常の何気ない会話のなかで友人や職場の同僚などと学校図書館を話題にしたり、国会や地方議会の選挙のときに学校図書館に関する政策を掲げる候補者を支持するだけでも、十分に学校図書館を支え、後押しすることになる。

読者のみなさん、学校教育にとって不可欠な基盤である学校図書館をともに盛り上げて行こうではありませんか。これからの日本を、そして世界を担うすべての子どもたちのために。

【注】

（1）外務省「SDGsとは？」（https://www.mofa.go.jp/mofaj/gaiko/oda/sdgs/about/index.html）（最終アクセス：2020年12月30日）

（2）外務省「我々の世界を変革する――持続可能な開発のための2030アジェンダ（仮訳）」、2015年、14頁

（3）文部科学省「教育現場におけるSDGsの達成に資する取組　好事例集」（https://www.mext.go.jp/unesco/sdgs_koujireisyu_education/index.htm）（最終アクセス：2020年12月30日）

（4）久野歩・花川智子「持続可能な社会づくりに向けた教育推進校における学校図書館の取組み」『学校図書館』836号、2020年、55―58頁

執筆者一覧

野口武悟（のぐち・たけのり）
専修大学文学部ジャーナリズム学科教授・学科長、放送大学教養学部客員教授。
専門は図書館情報学、学校教育学、社会福祉学。
主な著書に『多様性と出会う学校図書館――一人ひとりの自立を支える合理的配慮へのアプローチ』（共編著、読書工房、2015年）、『図書館のアクセシビリティ――「合理的配慮」の提供へ向けて』（共編著、樹村房、2016年）、『改訂新版　学校経営と学校図書館』（共編著、放送大学教育振興会、2017年）、『学校司書のための学校教育概論』（共編著、樹村房、2019年）、『多様なニーズによりそう学校図書館――特別支援学校の合理的配慮を例に』（共著、少年写真新聞社、2019年）などがある。

生井恭子（なまい・すみこ）
東京都立墨東特別支援学校小学部教諭、司書

【コラム（掲載順）】

松田ユリ子（まつだ・ゆりこ）
神奈川県立新羽高等学校学校司書。
専門は教育学（学校教育）、図書館情報学（学校図書館）。
主な著書に『学校図書館はカラフルな学びの場』（ぺりかん社、2018年）、『学校に居場所カフェをつくろう！――生きづらさを抱える高校生への寄り添い型支援』（共著、明石書店、2019年）、『学校図書館をハックする――学びのハブになるための10の方法』（共訳、新評論、2021年）などがある。

教諭。
主な著書に『障害者とともに生きる本２５００冊』（共編、日外アソシエーツ、２０１７年）、『探究　学校図書館学４　読書と豊かな人間性』（全国学校図書館協議会、２０２０年）などがある。

平野誠（ひらの・まこと）
中央大学附属中学校・高等学校司書教諭、東京学芸大学非常勤講師。
専門は図書館情報学、作物学。
主な論文に「学校図書館におけるデータベースの活用」（『学習情報研究』２３５号、２０１３年）、「中・高等学校でのデータベース活用」（『学校図書館』第７７７号、２０１５年）、「データベースを授業で活用」（『学校図書館』第８２３号、２０１９年）などがある。

磯谷奈緒子（いそたに・なおこ）
海士町中央図書館館長。司書。
主な著書に『ささえあう図書館――「社会装置」としての新たなモデルと役割』（青柳英治編著・岡本真監修、勉誠出版、２０１６年）、「島根県隠岐の海士町中央図書館にみんなで本を贈ろう！　あま図書館応援プロジェクトの取り組み」（『情報の科学と技術』64巻8号、２０１４年）、「特集／図書館　みんなで創る地域の未来～山陰地方の図書館から～海士町・島まるごと図書館構想～」（『Ｂｅｔｔｅｒ Ｓｔｏｒａｇｅ』vol.２２０、２０２１年）などがある。

著者紹介

野口武悟（のぐち・たけのり）

専修大学文学部ジャーナリズム学科教授・学科長、放送大学教養学部客員教授。

専門は図書館情報学、学校教育学、社会福祉学。

主な著書に『多様性と出会う学校図書館――一人ひとりの自立を支える合理的配慮へのアプローチ』（共編著、読書工房、2015年）、『図書館のアクセシビリティ―「合理的配慮」の提供へ向けて』（共編著、樹村房、2016年）、『改訂新版　学校経営と学校図書館』（共編著、放送大学教育振興会、2017年）、『学校司書のための学校教育概論』（共編著、樹村房、2019年）、『多様なニーズによりそう学校図書館―特別支援学校の合理的配慮を例に』（共著、少年写真新聞社、2019年）などがある。

ライブラリーぶっくす

変化《へんか》する社会《しゃかい》とともに
歩《あゆ》む学校図書館《がっこうとしょかん》

2021年4月15日　初版発行

著　者　野口武悟

制　作　株式会社勉誠社

発　売　勉誠出版株式会社

〒101-0051　東京都千代田区神田神保町 3-10-2

TEL：(03)5215-9021(代)　FAX：(03)5215-9025

〈出版詳細情報〉 http://bensei.jp

印刷・製本　三美印刷㈱

ISBN978-4-585-20081-9　C0000

日本の図書館建築
建築からプロジェクトへ

一九五〇年代から二〇二〇年代の現在まで、全国各地の特色ある公共図書館をフルカラー写真で紹介し、図書館建築の歴史的流れを追った一冊。掲載図版二〇〇点以上！

五十嵐太郎・李明喜 編・本体三五〇〇円（＋税）

専門図書館探訪
あなたの「知りたい」に応えるガイドブック

全国の特色ある図書館六一館の魅力をカラー写真とともに紹介。アクセス方法や開館時間、地図など便利な情報付き。知的好奇心を満たす図書館が見つかる一冊！

専門図書館協議会 共著／青柳英治・長谷川昭子 監修
本体二〇〇〇円（＋税）

図書館の日本史

図書館はどのように誕生したのか？　寄贈・貸出・閲覧はいつから行われていたのか？　古代から現代まで、日本の図書館の歴史をやさしく読み解く、はじめての概説書！

新藤透 著・本体三六〇〇円（＋税）

ポストデジタル時代の公共図書館

電子書籍市場の実態や米国図書館、日本の大学図書館との比較を通して、ポストデジタル時代に対応する公共図書館の未来像を活写する。

植村八潮・柳与志夫 編・本体二〇〇〇円（＋税）